リーダーのための『貞観政要《じょうがんせいよう》』超入門

JOGANSEIYO

内藤誼人
YOSHIHITO NAITO

水王舎

リーダーのための『貞観政要』超入門

まえがき

部下が、後輩が、スタッフが、どうすれば自分についてきてくれるのかを知りたい！

人の上に立つ者としての、基本的な心構えが知りたい！

経営者として、どうすれば会社を長く存続できるのかを知りたい！


もし読者のみなさんに、これらの秘訣について知りたいという願望があるのなら、『貞観政要《じょうがんせいよう》』をお読みになることをおススメしたい。なぜなら、『貞観政要』には、これらの秘訣が明快に、しかも完璧なまでに書かれているからだ。

とはいえ、いきなり『貞観政要』といわれても、「なに、それ？」という反応を示す人のほうが多いのではないかと思う。

この著は、名君の誉れ高い唐の太宗と家臣たちの政治問答集である。読者のみなさんも、「貞観の治《ち》」という言葉は中学生の歴史の時間に習ったであろう。中国史上もっとも国内がまとまっていた時代で、政治的に理想とされた時代だ。『貞観政要』とは、その理想時代を作った太宗のリーダーシップの心得が書かれた書物なのである。「貞観の治が行われたときの政治の要点」という意味のタイトルなのであろう。

さて、『貞観政要』は、本家の中国でも人気が高いが、日本でも、帝王学の教科書として時のリーダーたちに愛読されてきた、という歴史がある。

たとえば、鎌倉時代に〝尼将軍〟として権力をふるった北条政子は、わざわざ菅原為長に命じて日本語に翻訳させるほどの惚れこみようで、以後、北条氏は、この書を治世の参考書として重んじたといわれている。

また徳川幕府300年の基礎を築いた徳川家康もこの書を愛好し、藤原惺窩《せいか》を召して講義させたという。さらに明治天皇も侍講の元田永孚《えいふ》（教育勅語の起草者でもある）のご進講を受けて、この書に深い関心を寄せていたそうだ。

本書では、貞観政要のエッセンスを抽出しつつ、さらに科学的なリーダーシップ研究で明らかにされている最新のデータをご紹介し、「どうすれば、優れたリーダーになれるのか？」という秘密を解き明かしていこうと思う。

なお、はじめにお断りしておくが、著者は中国の古典を専門とする人間ではなく、心理学者である。

したがって、貞観政要の細かい字句などの解釈について考察するのではなく、貞観政要を参考にしつつも、心理学的な観点からリーダーシップについて論じていきたい。あくまでも本書は心理学の本である。

貞観政要は、あまりにも長大な書物なので、そのすべてを紹介することはとてもできない。そのため、本書では、ごくわずかの部分の〝いいとこどり〟だけをしていることをあらかじめ断っておく。

さて、「リーダーシップ」などと大層な用語を使うと、会社の経営者とか、オーナーにとってだけ必要な資質であり、「自分にはそんなもの関係ないや」と思う読者がいらっしゃるかもしれないが、そうではない。

もし一人でも部下や後輩を抱えるようになったら、仕事をする上で〝だれにとっても〟必要な資質や技能。それがリーダーシップなのだ。つまり、本書で紹介していくリーダーシップの心構えや心理テクニックは、たいていの人にとって必要不可欠なものなのである。

部下や後輩が、自分の言うことに従ってくれない。

自分が監督していないところでは、仕事の手を抜いて困る。

上司としてまったく信用されていない気がする。

このような悩みを抱えている読者のみなさまにも、ぜひ本書をお読みいただきたい。どうすれば優れたリーダーになれるのか。その具体的な道筋が、はっきりとご理解いただけると思う。どうか最後までよろしくお付き合いいただきたい。

目次

まえがき……3

第一章 CHAPTER ONE
組織篇……11

1 社員を「奴隷」だとでも思ってはいないか?……12
2 他人のことはいいから、自分に厳しくせよ……16
3 欲望を抑えよ……20
4 社員の声を聞くためのシステムを設けよ……24
5 相手がだれであっても喜んで聞く耳を持て……28
6 「攻める」よりも「守る」ことに主眼を置け……32
7 臆病すぎるリーダーであれ……36

8 安定しているときこそ、危機意識を持つ……40
9 自分にズバズバ意見してくれる人を持つ……44
10 部下はリーダーに反対できないのが普通だと知れ……48
11 部下との約束は死んでも守れ……52
12 部下からの称賛を真に受けるバカリーダーにはなるな……56
13 自己保身のためにへつらうのが部下である……60
14 「まあ、これくらいいいか」と小さなことを見逃さない……64
15 まかせるときには、そっくりまかせる……68

第二章 CHAPTER TWO
交流・共感 篇……73

16 愛想を振りまくのも、リーダーの仕事のひとつと割り切れ……74
17 おバカさんを演じることも重要……78

18 感情をコントロールできないリーダーになるな……82
19 部下にホンネを語らせたいなら、チャットかメールにせよ……86
20 どんなに小さなことでも見逃さずに叱れ……90
21 「反対しない」ことは、「賛成している」ことを意味しない……94
22 「内容」はどうでもいいから、意見を出してくれたことをまずホメよ……98
23 短所は見るな、長所だけに目を向けよ……102

第三章 CHAPTER THREE
人材篇……107

24 苦労したくないなら、リーダーになるな……108
25 最前線（フロントライン）で働く現場の人をもっとも大切にしろ……112
26 人材は、いつでもどこでも、いくらでもいる……116
27 言葉でなく、行動を観察する……120

28 人は自分の能力を過大評価しがちである……124
29 身内にこそ厳しくあれ……128
30 時折、リーダーの入れ替えをするのが望ましい……132
31 部下は厳しく指導する……136
32 リーダーがリーダーでいられるのは、部下がいるからである……140
33 どんな部下も指導次第で変わる……144
第四章 CHAPTER FOUR 俯瞰篇……149
34 職場を楽しくすることを考えよ……150
35 ケチなリーダーはダメである……154
36 実力で評価する……158
37 あえて嫌いな人間を採用する……162

38 占いや呪いに振り回されない……166
39 何気ない一言が人を傷つける……170
40 できる人間に、どんどん仕事を兼務させよ……174
41 自分の利益より、社員の利益を考えるのがリーダー……178
42 やる気のないヤツは、最初からチームに入れるな……182
43 一点に力を集めよ……186
44 叱るときには30秒以内と決めておけ……190
45 指示説明はできるだけ簡潔に……194
46 パワープレイは、やむを得ないときにのみ使う……198
47 上司は、部下からよく「見られている」ものと思え……202
48 いつ会社の寿命が尽きてもおかしくない、という気持ちを忘れるな……206
あとがき……211
参考文献……217

第一章 CHAPTER ONE

組織篇

1

社員を「奴隷」だとでも思ってはいないか？

百姓を損じてその身に奉ずるは、なお脛《はぎ》を割きてもって腹に啖《くら》わすがごとし。腹飽きて身斃《たお》る。

（君道篇）

人民を搾取して贅沢な生活にふけるのは、自分の足の肉を切り取って食べるようなもので、満腹したときには体のほうがまいってしまう。

従業員やスタッフから搾取して、自分だけいい思いをしようとする経営者がいるとしよう。社員は安い給料でこき使っておきながら、自分（あるいは身内）にだけ、ものすごく甘い社長がいるとしよう。

自分の息子にはベンツを乗り回させて、自分の奥さんにはブランドものの洋服を着せ、社員にはボーナスの額を大幅にカットするような社長がいるとしよう。

みなさんがこういう会社の社員なら、どう思うだろうか。

会社のために、死ぬほど頑張って働こうという気持ちになるだろうか。おそらくは、ならないのではないかと思う。働くのが、バカバカしいと感じるであろう。どうせ頑張っても、どんなに会社の利益を上げても、社長一族が贅沢をするために消えていくのだと思ったら、やる気など出るわけがない。

結局、こんな会社が伸びるわけがないし、こんな会社のリーダーがいつまでもリーダーでいられるわけがない、ということになる。当たり前の話である。

社長と社員は、同じ運命を共にしている。

その意味では、まさに一心同体なわけで、社員を搾取して自分だけいい思いをするのは、自分の足の肉を食べるのと同じだ。貞観政要は、そう教えている。

社員やスタッフは、自分の分身なのだ。

自分のことを大切にしたいと思うのなら、同じくらい社員やスタッフも大切にしなければならない。社員を自分と同じように大切にするからこそ、社員もその社長のやさしさに心打たれ、「俺たちだって、頑張って恩義に報いなければ！」という気持ちになるのである。

心理学には、公平理論という理論がある。

J・ステイシー・アダムスによって提唱された古典的な理論で、ものすごく単純に言うと、人は不公平を感じるときには、公平さを取り戻すような行動をとりたがる、という理論だ。

この理論からすれば、社長が自分たちの給料を減らすことで不公平な対応をとるのなら、社員は手抜きをしたり、会社の商品を盗んだり、会社の経費を使って飲み食いすることで、公平さを取り戻そうとするだろう、と予測できる。そうしないと、不公平だと感じるからである。

社員だって、バカではない。

社長が社員に対して奴隷を扱うような態度をとるのなら、社員たちは、その不公平感を埋め合わそうとして、あらゆる手段を講じて会社の利益を奪い取ろうとするであろう。こうして会社は潰れていく。

カナダにあるカルガリー大学のダニエル・スカーリッキーは、240名の工場従業員についての調査から、まさに公平理論で予測されるような行動が見られることを確認している。

「私たちは、公平な報酬を受け取っていない」と感じる従業員ほど、作業の手を抜いたり、モノを盗むことによって報復することが多かったのだ。

「わが社では、従業員を大切にします！」

口では、そんなことを言いながら、搾取をする会社が何と多いことか。たいていそういう会社は早晩潰れて、消えていく。

逆に、「社員を大切にする」ことをモットーとしている会社は、たいてい成績がいい。サウスウエスト航空が成功した理由も、お客さまも大切にするが、社員はそれ以上に大切にする、という経営方針を貫いたからだといわれている。

社員を食いものにして、自分まで倒れてしまったのではまったく意味がない。

リーダーに大切なのは、まず何よりも社員、部下、後輩が、文字通り「自分の手足」なのであり、一心同体だ、という意識を持つことではないだろうか。そういう意識を持てば、とても酷い扱いなどはできなくなるに違いない。

2

他人のことはいいから、自分に厳しくせよ

もし天下を安んぜんとせば必ず先ずその身を正すべし。いまだ身正しくして影曲がり、上理《おさ》まりて下乱るる者はあらず。

（君道篇）

天下の安泰を願うのであれば、まず、自分の姿勢を正せ。体はまっすぐ立っているのに影が曲がって映ったり、君主が立派な政治を行っているのに人民がデタラメであったという話は聞かない。

社員には、やれ「トイレの電気は毎回消して、しっかり節電しろ！」「不要になったコピー用紙のウラを使ってメモ代わりにしろ！」と厳しいことをいいながら、自分だけは料亭で毎晩のように飲み食いしている社長がいる。

もちろん、社員は節約などするわけがない。

自分たちのリーダーがやっていないことを、なぜ私たちだけがやらなければならないのだと感じて、釈然としないからである。

社員は、自分の先輩を、上司を、経営者のことをよく見ている。

もし、自分のリーダーが、率先して自分に厳しくしているのを見たら、「自分たちだって、同じことをやらなくては！」という気持ちになる。こうして、会社全体の雰囲気が、ピリッとしてくるのである。

それぞれの会社における社員の倫理性は、リーダーの倫理性を鏡で映したものにすぎない。

「うちの社員は、いつでもダラダラしている」と文句を言うリーダーもいるが、それはリーダーのせいである。

社長と役員の倫理性が弛《ゆる》んでいれば、上司の倫理性も弛んでくる。

そして、上司の倫理性が弛んでくると、その下の社員の倫理性も弛んでくる、というように、リーダーの倫理性は、下へ下へと流れていく。

社長がいいかげんなことをやっていたら、経営幹部たちも、悪いことをし始める。それを見たミドル・マネジャーたちも、やはり規律が弛んできて、ルール違反や法律違反も平気でやり始める。すると、それを見た現場のスタッフたちも、同じように非倫理的な行動をとり始めるのである。

セントラル・フロリダ大学のデビッド・メイヤーは、160のさまざまな組織（テクノロジー、政府団体、保険、フィナンシャルサービス、食品サービス、小売り、製造、医療など）のスタッフについての調査を行ったことがある。

その結果、リーダーの倫理性は、下へ下へと落ちていく「トリクルダウン理論」が当てはまることが明らかにされた。「トリクルダウン」とは「したたり落ちる」という意味だ。リーダーが弛んでいたら、下の人間も弛んでくるのである。

リーダーが、倫理性の重要性を重視し、「一生懸命に、マジメに働くことが、どれだけ大切か」を熱心に語り、さらに自分自身が率先して具体的な手本を示すような組織においては、社員も非常に倫理的の高い行動を見せたという。

たとえば、メイヤーが調査したところ、リーダーが率先して倫理的な行動をとっている組織では、社員たちは、監督者がいないところでも一生懸命に仕事をし、体調を崩して休んでいる人がいれば、他のスタッフが喜んでその人の代わりをつとめたりしたという。

リーダーがしっかりしていれば、社員もそれを見習うのだ。

社員の行動というのは、リーダーの写し鏡にすぎない。

リーダーがだらしなければ、社員もだらしなくなるし、リーダーが自分のことを厳しく律していれば、社員だって自分を律するようになるのである。

3

欲望を抑えよ

もし滋味に耽《ふけ》り嗜《たしな》み、声色を玩《もてあそ》び悦《よろこ》べば、欲するところすでに多く、損ずるところまた大なり。すでに政事を妨げ、また生人を擾《みだ》す。

（君道篇）

いつも山海の珍味を食し、音楽や女色にふけるのなら、欲望の対象は果てしなく広がり、それに要する費用も莫大なものになる。そんなことをしていたのでは、肝心の政治に身が入らなくなり、人民を苦しみに陥れるだけだ。

リーダーは、質素倹約を常としなければならない。

お金儲けのコツは、とにかく出ていくお金をなくすこと。入ってくるお金より、出ていくお金が少なければ、自然にお金は貯まっていく。ものすごく極端なことを言えば、まったくお金を使わなければ、たとえどんなに入ってくるお金が少なくとも、お金は貯まっていくのである。

欲深いリーダーはダメだ。

目先の儲けに目がくらんで、「こうすりゃラクにお金がじゃんじゃん入ってくるではないか」と考えるようでは、本業に身が入らなくなるに決まっている。

日本中がバブル景気に浮かれていた頃には、たいていの企業が、不動産やら株のマネーゲームに突っ走っていた。

不動産投資をしていれば、本業の仕事などしなくとも、濡れ手に粟のお金がじゃんじゃん入ってきたのである。この頃には、マネーゲームをしていないほうがバカな経営者だとさえ言われていた。

しかし、他の企業が欲まみれのマネーゲームをしていた時期でも、たとえば、花王という会社は、徹底的にコスト削減を含む業務改革に取り組んでいたという。

「努力もせずにお金が儲かる、そんなバカなことがいつまでも長続きするわけがない。こういうときこそ、本業を一生懸命にやらなくてはならない」と当時の常盤文克社長は考えたのだ。

バブルがはじけて、たいていの経営者はみな青ざめたが、本業にしっかりと集中していた経営者はその危機を乗り切ることができた。余計なことをしなかったからである。

「たくさんお金を使っても、それ以上にたくさんお金を稼ぎだせばいいじゃないか」と考える人もいるだろうが、残念ながら、こういう人もお金持ちになれない。

アメリカの超大金持ちを対象に調査を行ったトマス・J・スタンリーは、『なぜ、この人たちは金持ちになったのか』(日本経済新聞出版社)という本の中で、常識に反して、お金持ちたちがいかに〝お金を使わないか〟というデータを紹介している。

私たちは、お金持ちというと、いい服を着て、高級外車を乗り回し、大邸宅に住んでいるイメージがあるが、それは誤ったイメージであって、本物のお金持ちは、ものすごく質素なのである。

スタンリーの研究によると、一部の芸能人やスポーツ選手を除くと、お金持ちは、新しい靴を買わないし、新しい家具も買わない。高級車にも乗らない。株もやらない。

なぜなら、自分の仕事を愛していて、仕事以外のことに目をくれないからだ。またお金持ちは、宝くじも買わない。一獲千金を狙おうという欲望が、そもそもないのである。

ちょっと会社の利益があがると、見栄を張って立派な建物を建てようとする経営者もいるが、そういう会社は、たいていその後に業績が悪化する。本当に儲けている会社は、余計なところにお金をかけない。

外から見ると、古ぼけて見えるようなオフィスでも我慢できる経営者の会社のほうが、年商何億円とか、何十億円も稼ぎだしていることが多い。

欲望を我慢できないような人は、リーダーにあまり向いていない。

「何か欲しいな」という気持ちがあっても、グッと自分の欲望を我慢できる人のほうがリーダーとしては優秀だ。

心理学には、子どもが将来、立派な大人になって成功者になるかどうかを判断するための、「マシュマロ・テスト」と呼ばれるテストがある。

どんなテストかというと、おいしそうなマシュマロを子どもの目の前に置いて、「20分、食べるのを我慢してね。我慢できたら、もう一個あげるから。すぐに食べちゃったら、おまけはナシだよ」といって、我慢できるかどうかを見るのだ。

このテストを考案したスタンフォード大学のウォルター・ミッシェルによると、4歳のときに我慢強い子は、何十年後かに再調査したところ、学業でも、仕事でも成功していたという。

人の上に立ちたいのなら、とにかく欲望を我慢できなければダメだ。人間の欲望には際限がない。そういう欲望をどれだけ抑え込めるのかで、人間の器は決まってくるのである。

4

社員の声を聞くためのシステムを設けよ

君の明らかなる所以《ゆえん》の者は、兼聴《けんちょう》すればなり。その暗き所以の者は、偏信《へんしん》すればなり。

（君道篇）

名君が名君である理由は、広く臣下の言葉に耳を傾けるからだ。暗君が暗君なのは、お気に入りの家臣の言葉しか信じないからだ。

貞観政要について書かれた本には、たいていこの箇所が引用されている。それだけ有名な言葉だ。できれば、そのまま丸暗記してもいいくらいのセリフである。

ポイントは、「兼聴」。

優れたリーダーは、どんな社員の声にも耳を傾けるものであって、お気に入りの社員の言うことしか聞かないようでは、リーダー失格である。そういう人は、そもそも人の上になど立ってはいけない。

「俺は、自分よりも年齢が下のヤツの言うことなど聞きたくない」

「私は、女の言うことには耳を貸したくない」

「私は、自分よりも学歴が下の人間とは、口もききたくない」

こういう偏見を持つリーダーが、最悪のリーダーである。

リーダーは、いつでも心を開いて、社員が何か相談してきたとか、意見を述べようとしてきたときには、喜んで聞く姿勢をとらなければダメなのである。

たいていのリーダーシップの本を読むと、聞く姿勢を持つことの大切さが書かれているが、私からすれば、こういう心構えを持つだけではまだ足りない。

「きちんと社員の声を聞かなければならない」という心がけをリーダーが持つことは重要だ。しかし、単なる「心がけ」だけでは、ムリがある。やはり、社員の声をしっかりと聞きだす〝システム〟を設けなければならない。

「私は、社員のみなさんの意見をちゃんと聞きますよ」といっても、社員がそんな言葉を信用するはずがない。どうせ、そういう演技をしているだろう、と思うだけである。

オランダにあるアムステルダム大学のマイケル・フリースは、従業員数が1万人を超えるオランダの巨大鉄鋼会社を例にあげて、システムを設けることの重要性を指摘している。

フリースが調査をしたこの会社では、「提案システム」がきちんと整っており、社員はだれでも提案することが認められている。そのため社員は、3年間で平均6・51個の提案を会社側にし、そのうちの3・88個が会社にきちんと受け入れられていることもフリースは突き止めている。

「うちの会社は社員の声を聞きます」というお題目を唱えていても、まったく社員の意見を採用してくれなかったら、社員はそのうちに意見を述べるのをやめる。どうせ提案しても、受け入れてくれないのなら、こんなにバカバカしいことはないからである。

リーダーが、「社員の声を聞く」というのなら、単なる演技ではなくて、本気で聞かなければならない。そのためには、たとえば、「スタッフのミーティングで出された意見は、必ず実行に移す」といった、社員の声をきちんと吸い上げてくれるシステムを社内に設けておくことが重要になってくる。

きちんと意見を聞くということが、〝目に見える形で〟システム化されていれば、社員は、「これは本物だ。本当に聞いてくれるみたいだぞ」と思ってくれるし、安心して、会社の経営に役立つ提言をどんどんしてくれる。

八代将軍徳川吉宗の人気が高く、名君の一人とされているのも、「目安箱」というシステムを導入したからだ。

それまでにも、民衆の意見を聞こうという心がけを持った君主はいたであろうが、吉宗は、目安箱という、目に見える形で意見を集めるシステムを作った。だから名君と呼ばれているのだ。

本当に社員の声を聞きたいのなら、社員にもそれが実感としてわかるようなシステムを導入するとよい。逆にいうと、そこまでやらなければ、社員の声を集めることはできない。「私は、ちゃんと話を聞きますよ」というお題目を唱えているだけではダメで、それを目に見える形にすることが大切なのだ。

5

相手がだれであっても喜んで聞く耳を持て

昔、唐虞《とうぐ》の理、四門を開き、四目を明らかにして四聡《しそう》を達す。

（君道篇）

昔、すぐれた天子であった堯《ぎょう》や舜《しゅん》はまさしく四方の門をあけ放って賢者がくるのを待ち、広く人々の意見を聞いて、それを政治に活かした。

「自分より地位が高い人なら言うことを聞くけど、低い人の言うことは聞かないよ」

「私より経験や知識が劣る人間の言うことなんて、絶対に聞かないよ」

というのでは困る。

優れたリーダーは、相手がだれであっても話を聞くべきで、相手によって差をつけてはいけない。

相手がまだ入社して1年目の若造であろうが、そんなこととは無関係に、優れた意見、アイデアであれば、どんどん採用していくような懐の深さがほしい。

ベテランであるとか、新人であるとかは関係がない。専門知識があるとか、ないとか、そういうことも関係がない。優れた意見であれば、「よし、それを採用してみよう！」と大歓迎するのが、リーダーではないか。

「新人は使えない」と考えている人は多いと思うが、その業界に長くいればいいアイデアが出せるのかというと、そんなことはない。むしろ業界の慣習や常識に縛られて、つまらないアイデアしか出てこないことも多い。

その点、新人は、経験や知識はないかもしれないが、だからこそ突飛な商品、驚くようなサービスを思いついてくれるかもしれない。新人には、「新人ならでは」の自由な発想があるはずだ。

「新人の言うことなんか、聞きたくない」という態度だと、せっかくのビジネスチャンスにつながるアイデアを吸い上げることができなくなる。

そもそも、本当に経験を積めば仕事もできるようになるのかというと、これは非常に疑わしい。

ジョフ・コルヴァンは、その著書『究極の鍛錬』（サンマーク出版）の中で、ベテランだから、仕事のパフォーマンスが高いのかというと、そんなことはないと述べている。

たとえば、何年も実務経験を積んだ会計士の能力は、新人会計士の能力とあまり差がない、という調査結果がある。また、手術後どれくらいで退院できるのかを予測する能力も、ベテラン外科医と見習い医師との間に、ほとんど差はないとする研究もある。

株式ブローカーであれば、推奨すべき株の銘柄の選択についても、ベテランと新人とでは予測精度が変わらないということもわかっている。

結局のところ、経験年数をたくさん積んでいるベテランだからといって仕事ができるとか、新人だから仕事ができない、ということはないのだ。

新人であっても、優秀な人はいくらでもいる。

会社にとって、役に立つ意見をバンバン出してくれる人も、たくさんいる。

会社の人間だけでなく、派遣社員であろうが、清掃スタッフであろうが、出入りの業者であろうが、役に立つ意見を出してくれるのなら、どんどん意見を言ってもらうようにすることが重要だ。その意見を言ってくれるのが、だれなのかというのは、あまり関係がない。

意見を聞くときには、その中身だけに注意しよう。

話している人間には、注目しなくていい。言っているのが新人であろうが、未経験者であろうが、そういう点に注目すると、どうしても目が曇ってしまう。そうならないように、中身だけに焦点を当てるのだ。

いまだに男尊女卑の考え方をしていて、女性の言うことは聞かない、という古い男性もいるが、そういう偏見をなくすことも大切だ。世の中には、女性の、それも新人の社員によって生まれたヒット商品やサービスはいくらでもあるのだから。

6

「攻める」よりも「守る」ことに主眼を置け

草創《そうそう》と守成《しゅせい》といずれか難き。

君主の事業では、創業するのと守成とでは、どちらが困難なのか。

（君道篇）

貞観政要の中でも、あまりにも有名なセリフである。どちらも困難ではあると指摘されているものの、貞観政要をよく読むと、「守り抜く」ことのほうが難しいという方にややウェイトが置かれている。

実際、リーダーとして考えるべきは、会社を大きくすることよりも、むしろどうやって維持すればいいか、ということではないかと思う。

一時的に急成長して、すぐに潰れる会社はいくらでもある。急成長した会社の経営者は、たいてい〝カリスマ経営者〟だなどとマスコミにおだてられ、雑誌などに頻繁に露出するようになるのだが、そんな会社にかぎって、あっという間に消えていく。

リーダーが考えるべきは、第一に守ること。

攻めることではない。

この点は、ものすごく重要である。

話は変わるが、私は、お笑いグループのダチョウ倶楽部が大好きである。そんなに人気があるわけではないものの、芸歴は30年。

彼らは、毎年、モットーとして「現状維持」を掲げている。「人気なんか出なくてもいいから、ずっとこのままでいたい」というのである。ようするに基本姿勢が〝守り〟なのだ。私は、そういう心がけを守っているところも、ダチョウ倶楽部がずっと芸能界で生き抜いてきた理由であろうと分析している。

ダチョウ倶楽部より面白いギャグを持っていて一世を風靡したものの、瞬く間に〝一発屋〟として消えてしまう芸人はいくらでもいる。そうならないよう、ゆるやかに、しなやかに芸能界を生き抜いていくのがダチョウ倶楽部である。

私たちは、「リーダー」という言葉を聞くと、グイグイと前に出て、強引なところがあって、人を力強く引っ張っていけるような人間をイメージしてしまう。日本で、カリスマ的なリーダーと呼ばれている人は、たいていそんなタイプである。

しかし、本当のことをいうと、そういうリーダーは、あまり「良くないリーダー」なのだ。

南カリフォルニア大学教授で、リーダーシップ研究の権威であるウォーレン・ベニスは、トップダウン式で、とにかく攻めまくるリーダーシップは神話にすぎず、むしろ組織にとっては〝有害〟ですらある、と指摘している。

ベニスは、有害なリーダーの例として、スターリン、ヒトラー、ナポレオン、毛沢東などを挙げている。

では、どういうリーダーがいいのか。

ベニスによると、部下を尊重し、部下との信頼関係を維持しつつ、親密な連合関係を築けるようなリーダーが理想であるという。

「俺が、俺が」と猪突猛進するのではなく、しっかりと部下の意見を取り入れながら会社を守っていけるような人物。そういう人物こそ、本物のリーダーであろう。

ベニスが述べている理想のリーダー像は、興味深いことに、太宗が理想として考えている君主の理想像と似ている。貞観政要に出てくる優れた君主の特徴の記述を読むと、現代のリーダー論で述べられている理想のリーダーと、驚くほど似ているのだ。

太宗は、国を統一するときにこそ先頭に立って戦陣を駆け回っていたが、統一を成功させてからは、臣下の話をよく聞きながら政策を実行した。つまり、攻めのリーダーから、守りのリーダーへと巧みに変貌を遂げたのである。

一時的に攻めることが必要になることはあっても、リーダーが考えるべきはいかに守るのか、ということである。攻めに強いリーダーになるのではなく、守りに強いリーダーを目指そう。そうすれば、会社や組織やグループがおかしくなることはないはずだ。

7

臆病すぎるリーダーであれ

憂危《ゆうき》の間に在るときは、すなわち賢を任じ諫を受く。安楽に至るに及びては、必ず寛怠《かんたい》を懐《いだ》く。

（君道篇）

危機的状況にあるときには、優れた人材を登用し、その意見によく耳を傾けるくせに、国の基盤が固まってくると、必ず心に緩みが生じてしまう。

一般にリーダーは、大胆で、自信家のほうがいいと思われているが、これはウソである。リーダーは憶病なほうがいい。

なぜかというと、臆病なリーダーは、たとえ経営が順調にいっているときでさえ、「いいことはいつまでも続かないんじゃないか」「そのうち業績が悪化しちゃうんじゃないか」とたえずビクビクと怯えており、危機を回避するために、あらゆる手段を講じるからだ。

自信に満ち溢れたリーダーだったら、どうなるか。

おそらくは、会社の状態がよければ、これっぽっちも危機意識など持つことはないだろう。そのため、放漫経営に走りがちで、どんどん悪い方向に会社を引っ張ってしまう。

リーダーは憶病すぎるくらいでちょうどいい。

そういうリーダーは、たとえ会社の状態がよくても気を緩めることがないし、将来の危機を見据えてあらゆる手段を講じておく。

臆病なリーダーは、「あなたのところは大丈夫だよ」と他の人にいくら言われても、安心できないし、手を抜くことなどしないし、いつでも全力で突っ走る。だから、いつまでも会社を健全に保てるのである。

人間は、自分が安全な状況にあると思うと、本気を出せない。

人間が本気を出せるのは、「自分は今、危険な状況にある」という認識を持っているときだけである。「これは、ヤバい！」という気持ちが、人間の本気を引き出すのだ。逆にいうと、危機を感じられないと、人は本気を出せない。

とても面白いデータがある。

2000年のシドニーオリンピックにおけるトライアスロン競技において、水泳でパーソナル・ベストを更新する選手が続出したのだ。

なぜ、水泳の記録だけがとびぬけてよかったのかというと、シドニー湾にはサメがいると思われていて、選手たちが全力で泳いだからである。

「サメに襲われたらかなわない」という危機的状況においては、「アドレナリン・ラッシュ」という現象が起こる。身体を活性化させるアドレナリン、あるいはエピネフリンと呼ばれるホルモンがどんどん分泌されるのだ。そのため水泳の記録だけが突出して良くなったのである。

臆病なリーダーは、いつでも最悪の想定ばかりが頭に思い浮かぶため、その状況を回避するために必死にならざるを得ない。つまり、いつでもアドレナリン・ラッシュの状態にあるようなものだと考えられよう。

その点、臆病でないリーダーは、自分が危機的状況にあるとは考えないから、当然、やる気も出てこなくなる。本当にどうにもならなくなるくらいに追い詰められないと、こういう人はやる気になれないのだ。

臆病すぎるリーダーは、あまり良くないリーダーなのではないか、と考えられているが、そんなことはない。たとえば、臆病なリーダーは次のように考える。

「一社にだけ頼っていたら、その一社が倒産したときに、共倒れになる。だから別の会社ともお付き合いをしておこう」

「むやみに人員を増やすと、固定費がかさむし、業績が悪化したからといって、すぐに人員のクビを切れない。だから、今はキツイ状態だが、人員を増やさず少数で頑張ろう」

このような判断で動くから、結局は、会社の状態が悪くなることを未然に防ぐことができるわけである。

8

安定しているときこそ、危機意識を持つ

安くして而《しか》もよく懼《おそ》る。あに難しとなさざらんや。

国が安泰なときにこそ、心を引き締めることはとても難しい。

（君道篇）

人間が、何らかの行動をとるのは危機意識を感じたときだけである。

危機の意識もないのに、行動を起こすのは非常に難しい。なぜなら、行動を起こす必要性をまったく感じないからである。

人間が必死に働くのは、どうしてか。

ボーナスがもらえなくなってしまうのではないか、人事考課が悪くなってしまうのではないか、クビになってしまうのではないか、会社が倒産してしまうのではないか、という危機意識があればこそ、である。

危機意識のない人間は、そもそも働く気が起きない。人間は、必要性があるからこそ行動するのであって、そういう必要性がなければ、面倒くさいので行動を起こさないものである。

人間もそうだが、他の動物も基本的には面倒なことはしない。食事をするのも、食べなければ死んでしまうと思うから食事をするのであって、お腹がいっぱいなら、食べるという気持ちも起きてこない。エサをとる行動も起こさない。ただ、のんびり寝そべっているのが動物、そして人間の本性である。

「このままだと危険だ」という意識がなかったら、人間は何の行動もしないのである。

ノートルダム大学のスザンナ・ナスコは、２９３名の大学生に１カ月の期間をあけて２回の試験を受けさせた。

その際、１回目の試験で大失敗をして、「これではヤバい！」という危機意識を持っている学生ほど、2回目の試験で好成績をとったという。1回目の試験でそれなりの成績をとった学生は、安心してしまったのか、2回目の成績はさんざんであった。

1回目の試験で大失敗するというのは、マズイことではある。

しかし、それによって、2回目の試験のときには、早い段階からしっかりと準備をし、対策を練り上げて試験に臨んだ、ということから考えれば、1回目に失敗したことは、結果としてはよかったということになる。

うまくいっているとき、順風満帆なときは、本当はものすごく危険である。

なぜなら、そういう状態では、人は何の行動も起こさないのだから。

むしろ、少しくらい〝痛い目〟を見ているくらいのほうが、このままではいけないと自分を律することもできるようになるし、将来を見越した行動も起こせる。順調なときというのは、考えてみると、非常に危なっかしい状態であるわけだ。

順調なときにも気が抜けないようにするには、どうすればいいか。

そのためには、いつでも最悪の想定をイメージしなければならない。

頭の中には、たえず自分は危険な状態にあるというイメージを膨らませていれば、危機意識が募る。そういう状態は不快ではあるが、そういう状態に自分を置いておかないと、何の行動も起こせない。

戦後すぐの創業者たちは、会社が順調に大きくなっていったときでさえ、気を抜かなかった。

祖国の日本が戦争に負けたということを実体験として知っていたので、負けることの怖さを身を持って知っていたのである。そのため、日本という国が、世界第2位の経済大国に登りつめても、それでも気を抜くこともなかった。

昭和の初期くらいまでの経営者たちは、「調子に乗っていたら、すぐに足元をすくわれる」というイメージがありありと想像できたため、気を抜きたくとも抜けなかったのだ。

その点、その後を継いだ社長たちは、「ジャパン・アズ・ナンバーワン」などとホメられていることに気をよくしたのか、会社が大きくなってきて安心してしまったのか、創業者ほどの危機意識を持つことはできず、会社をガタガタにさせることが多かった。

もちろん放漫経営がいつまでもうまくいくはずもなく、バブルの崩壊で痛い目を経験したために、その後は少し経営者の意識も改善されたようであるが。

よくある自己啓発系の本などを読むと、「明るいことだけを考えましょう」などと書かれていたりするが、それもウソ。

リーダーが、明るいことだけを考えていたら、会社は早晩潰れる。

悪い未来ばかりを思い浮かべるからこそ、「では、どうすればそれを避けられるか?」ということを考えたり、工夫したりするのである。悪いことを考えることは、人間に行動を起こすためのエネルギーなのだから、どんどん悪いことを考えなければダメである。

9

自分にズバズバ意見してくれる人を持つ

唯々《いい》として苟過《こうか》し、遂に一言の諫諍《かんそう》する者なし。あにこれ道理ならんや。もしただ詔勅《しょうちょく》に署し、文書を行うのみあらば、人誰か堪えざらん。

（政体篇）

指示したことを、「はいはい」と受け入れるばかりで、いっこうに諫言《かんげん》してくれる者がいない。まことに嘆かわしい。私の命令に署名して、下の人間に文書で流してやるだけなら、どんなバカにでもできるではないか。

人間の考えというのは、自分に都合がいいように歪むのが普通である。

だからこそ、それを改めてくれるような人間がいてくれるのは、まことに心強い。おかしな判断をしそうになったら、その人が止めてくれるからである。

「悪魔の代弁者」(devil's advocate) という用語がある。会議などで、あえて多数派に反対したり、批判したりする人、またはその役割を担ってくれる人のことを指す。

会議において、同調を求める圧力が働くと、批判・反論しにくい空気ができてくる。こうなると正常な判断、健全な思考ができなくなることが往々にしてある。

だから、あえて「悪魔の代弁者」の役割をとってくれる人が必要になるのだ。

唐の太宗は、わざわざ自分に厳しいことを言わせるための諫議大夫《かんぎたいふ》という役職まで設けた。

どんなに優れたリーダーであっても、人間である限りは、判断が歪むことは避けられない。それを避けるためには、どうしても他の人にズバズバ意見を言ってもらう必要がある。だから太宗は、自分に諫言をするための役職を作ったのだ。

判断や決定を間違えたくないのなら、自分一人で決めるのをやめよう。

「リーダーというのは、自分一人で悩みぬいて考え、自分一人で結論を出すものだ」という思い込みはやめよう。そういう思い込みは、間違いである。

他の人の意見は、どんどん聞いていい。他の人の意見をどんどんカンニングさせてもらえばいいのだ。そのほうがおかしな決定をしないですむ。

もし会議で、参加者たちがリーダーであるみなさんの顔色をうかがっていて、言いたいことを言ってくれないのであれば、「お〜い、だれか〝悪魔の代弁者〟になってくれ」とお願いするのが正解である。

もちろん、悪魔の代弁者は嫌われることが多いので、絶対に嫌ったりはしないということを確約しておく必要はある。あくまでも役割として、悪魔の代弁者になってもらうのである。

あるいは、毎回の会議において、持ち回りで悪魔の代弁者を決めておくのもいい。「今回は○△さんが悪魔の代弁者で、次の会議では○□さんが悪魔の代弁者ね」ということが決まっていれば、安心である。

だれだって、他の人の意見に噛みついたり、反対したりする悪魔の代弁者の役割を担うのは嫌なものだから、持ち回り制にしておけばまだしも受け入れやすい。

米陸軍には、「アビリーンへのバス」と呼ばれる現象が知られている。だれでも知っている有名な話らしい（スーザン・ケイン『内向型人間のすごい力』講談社＋α文庫）。簡単に紹介しよう。

みんなで集まって遊んでいるとき、だれかが「今からアビリーンへ行かないか」と言い出す。みんながそれに賛同してアビリーンへのバスに乗る。ところがようやくアビリーンについてみると、言いだしっぺの人間が「本当のことをいうと、こんな遠くまで来たくはなかったんだよね」と言い出す。

すると、他の人たちも、「本当は僕も来たくなんかなかったけど、お前が来たいと思ったからついてきたんだ」という声が次々にあがって、結局は、だれ一人としてアビリーンなどに来たくなかったことがわかる、という話である。

米陸軍では、「どうやらわれわれはアビリーン行きのバスの乗ろうとしているみたいだ」というと、それは危険信号になるのだという。議論がおかしな方向に流れそうなときに使うセリフだそうだ。

リーダーは、何でも自分一人で決めなければならないかというと、そんなことはない。むしろ他の人にもどんどんホンネを言ってもらったほうが、間違いをしないですむのである。

10

部下はリーダーに反対できないのが普通だと知れ

妄《みだ》りに畏懼《いく》すること有り、知りて寝黙《しんもく》するを得ることなかれ。

（政体篇）

私のことを恐れて、大切なことを知っていながら口を閉ざす。そんなことは絶対に許されないものだと心得てくれ。

社員や部下は、基本的にイエスマンである。

なぜ、イエスマンになるかというと、リーダーであるみなさんのことが怖いからだ。

何か意見を言おうとしても、ムキになって怒鳴り返されたり、あるいは嫌がらせをされたり、減給されたり、降格させられたり、左遷させられたりしたのでは、たまったものではない。だから、下の人間はイエスマンになるのである。

「ご説ごもっとも」と、ペコペコしていて、反対意見を述べたりしなければ、リーダーは機嫌をよくしてくれる。それがわかっているから、部下がイエスマンになるのは、当たり前のことなのである。なりたくてイエスマンになっているのではない。もともと立場が弱い人間はそうならざるを得ないのだ。

オハイオ州立大学のスティーブン・カーは、ある製造工場と保険会社の社員にインタビュー調査を行って、「イエスマンになってボスに絶対服従することについて、どう思うか？」と尋ねてみた。

すると、ある部署の管理職の88％は「まことに嘆かわしいことだ」と答えて、賛成したのはゼロ。ところが、下っ端の社員は37％が「絶対服従しているほうがいい」と答えたのである。

管理職の人たちは、イエスマンではいけないと考えているようだが、下っ端の人間は、より現実的である。

もし反対意見など述べようものなら、どうせ嫌がらせされたり、復讐されたりするに決まっていることを知っている。そういう現実がわかっているから、イエスマンになるのが悪いことだとは考えないのである。

もし部下にイエスマンにならず、ホンネを語ってもらいたいのなら、ホンネを語ってもらえるような〝工夫〟が必要になる。そういう工夫もなく、ただ「イエスマンになってはいけないよ」と教えたところで、部下はイエスマンのままであろう。なぜなら、ホンネを言うことが怖いからだ。

では、どんな工夫が必要なのかというと、まず罰しないこと。

「どんなことを言っても、罰することはしない」ということをきちんと誓っておかないと、社員や部下は言いたいことを言えない。

「そんなことを言うなら、すぐに辞めさせるぞ」と言われるのが怖くてホンネを言えないのだから、絶対にそんなことはしない、と誓っておく必要がある。もちろん、そういう約束は死んでも守らなければならない。

もしウソをついて、部下たちから意見を求めたとしても、その後に罰のようなものを与えたりしたら、二度と部下は口を開くことはなくなるであろう。

復讐したり、遠ざけたりすることはなく、真摯に提言は受け入れるということを明確に約束しておけば、部下も少しずつホンネを語ってくれるようになる。

もっといいのは、何か役に立つ意見を部下が言ってくれたときには、たっぷりホメてあげたり、報いたりすることだ。

部下が何かを言ってくれるたびに、「ありがとう！　今後もどんどん意見を言ってくれよ！」とお礼と感謝をすれば、部下も気をよくして、言いたいことを言ってくれるようになる。言いたいことが言えない会社は、どうしても空気が悪くなる。

その点、どんな社員でも言いたいことを言い合える雰囲気というか、社風を持った会社は、まことに仕事がしやすい。組織の風通しをよくするうえでも、基本的には、どんな愚痴であろうが、不満であろうが、言いたいことを言ってもらえるようなリーダーを目指そう。

耳に痛いことを言われても、「ああ、ありがたい」と感謝できるような懐の深さがなければダメである。部下に反対されたからといって、いちいち眉をつり上げて感情的に怒ってしまうような人は、そもそもリーダーになってはいけないのである。

11

部下との約束は死んでも守れ

もし君臣あい疑い、つぶさに肝膈《かんかく》を尽くす能《あた》わずんば、実に国を治むるの大害たるなり。

（政体篇）

君臣の間に疑惑が生じ、お互いが心の中に思っていることを言い出せないようなことにでもなれば、国を治めていくうえで、この上ない害を及ぼすことになる。

「キミがいいと思ったことは、何でも私に話してくれ」

「私は、諸君からの意見を大歓迎する。遠慮なく言ってくれ」

そうやって念を押しても、それでもやはりどこかで信用できないと感じる部下は多い。性格的に疑り深いというよりは、そうやって疑っていないと自己保身ができないからだ。

部下は上司や経営幹部が、すぐにウソをつくことを知っている。

どんなに良い提言をしても、それが受け入れられないことくらい、部下はちゃんとわかっている。あるいは、せっかくの提言をしてみても、自分が思いついた意見だとして上司が盗んでしまうことも、部下は知っている。だから、黙っているのである。

部下にきちんと提言してもらいたいのなら、信用を勝ち取らなければダメである。

そして、信用というものは、一朝一夕では獲得できないものである。

普段から言行一致を心がけ、約束したことはきちんと守る、という実績を積み上げて、はじめて信用は出てくる。だから、リーダーはいつでも誠実で、義理堅くなければならない。そうしないと、いつまでも信用してはもらえない。

部下に、「今度、ランチでもおごるよ」と言いながら、いつまで経ってもおごってくれない上司がいるとしよう。部下は、そんな上司を見て、「こいつは、信用できないな」と思う。ランチをおごっても、せいぜい数千円。その上司は、たかが数千円を惜しんで、部下からの信用も失っていくのだ。こんなに愚かなことはない。

上司やリーダーは、組織における階級で言えば立場が上である。

しかし、立場が上であることをいいことに、部下との約束を守らない人はものすごく多い。「今日中に電話で連絡するから」と言いながら連絡しなかったり、「俺のほうで書類を作っておくからさ」と言いながら、作っておいてくれなかったりすることは日常茶飯事である。

上司は、立場が上であるという意識を持つのをやめよう。

自分が上だと思うと、自分が何か偉い人間だと錯覚してしまうし、部下に対してものすごく横柄な態度をとりがちである。部下との約束も平気で破るようになる。これでは部下から信用されることなど、とてもムリだ。

部下に信用されたいのなら、部下を大切にしなければならない。

「優秀な部下たちがいてくれるおかげで、自分のような愚か者でも、上司をやっていられる。本当にありがたいことだ……」という感謝の心があれば、部下と約束したことは、絶対に守ろうという気持ちになるであろう。

たとえどんなに小さな約束でも、きちんと守るであろう。そういう上司は、部下からも信用されるだろうし、会社にとって役に立つ有意義な提言などもどんどんしてくれるようになるであろう。

フロリダ国際大学のマリー・レヴィットは、「困った人」についての研究を行って、そのトップ5は、ワガママであること、自分の思い通りにすること、要求的であること、信用できないこと、行動が予測できないこと、であるとしている。

もっとも付き合いにくいのがワガママな人なわけであるが、「信用できない人」も第4位にあがっている。信用できない人と付き合いたいと思う人はいないのだ。

部下たちは、同じ会社で働いているから、しぶしぶ信用もできない上司と表面的に付き合っているだけで、本当は信用できない人間とは、一緒に仕事などしたくもないはずなのだ。

お互いに良い関係を築きたいのであれば、相手のことを大切に思って、どんな約束でも守ることが大切である。どんなに小さな約束でも、きっちり守るようにしていれば、みなさんは絶対的に信用される。部下がホンネを言ってくれるようになるのは、その後であろう。

12

部下からの称賛を真に受けるバカリーダーにはなるな

日に一日を慎み、休《よ》しとすといえども休しとすることなし。

（政体篇）

私は常に慎重でありたいと思っている。たとえ称賛の声を聞いても、まだまだ不十分だと自らを戒めるようにしている。

部下は、上司を、リーダーを目の前にすると、さかんにホメようとするものである。しかし、それはあくまでも自分の目の前にいるときだけで、上司やリーダーがいないところでは、「うちのバカ上司が……」と無能扱いをしていることもよくある。

部下が、上司をホメるのは当たり前である。

なぜなら、上司をホメていれば、査定もよくなるだろうという下心があるからだ。出世させてくれるかもしれない、という欲望があるからだ。だから、ホメたくなくともホメるのである。心にもないホメ言葉をいくらでも口にするのである。

もしそういうことがなかったら、部下は上司やリーダーをホメることはない。

部下が上司を称賛するのは、あくまでも社交辞令であり、お世辞であり、そのウラにはしっかりと下心が隠れているということを、上に立つ者としては理解しておかなければならない。

部下が上司をホメるのは当たり前であって、ホメられるたびに相好を崩して、喜んでいる場合ではないのだ。

「いやあ～、部長。その青のネクタイ、お若く見えますねえ」

「いやあ～、社長。会議でのアイデアは秀逸でしたね～。ぜひ、うちでも採用しましょう！」

こんな風に称賛されても、単純に喜んでいてはいけない。もちろん、批判されるよりは称賛されたほうが嬉しいに決まっているだろうが、それでも「いや、まだ自分には足りないところがあると思うから、気づいた点があれば、一つでも二つでも指摘してくれるとありがたい」と答えておかなければならない。

米国ウェイン州立大学のグレン・ワイズフェルドは、序列のある組織においては、コミュニケーションが上から下に流れるのが普通だと指摘している。たいていは「上位者」が「下位者」に向かって一方的に指示を出したり、意見を述べたりするだけで終わるというのである。

下位者のほうから、上位者に向けて積極的に発信するコミュニケーションというのは、めったに起きないとワイズフェルドは述べているのだが、唯一、下位者のほうから上位者に向けて発信されるコミュニケーションがある。それが、お世辞であり、ホメ言葉だ。

部下のほうから、上司に向かって話しかけてくる、ということはまずない。

話しかける権利のようなものを、部下は持っていないし、許されていない。許されているとしたら、上司にお世辞を言うことくらいなのである。

そういう心理をきちんと理解しておけば、部下がお世辞を言ってくるのは、ちょうど、お客に売り込みをしているセールスマンが、お客を喜ばそうとして、心にもない言葉を言いまくるのと同じようなものだと軽く受け流せるようになる。そんな言葉を真に受けて喜んでいるようでは、リーダー失格とすら言える。

「私が先輩だからといって、おべっかは必要ないからね。言いたいことは何でも言ってね」
「僕が上司だからといって、お世辞はいらないよ。何でも言ってもらったほうが嬉しいんだ」
「私は、たまたま社長をやらせてもらっているだけで、ホメられると身体が痒くなっちゃうんだよ。だから、あんまりホメなくてもいいからね」

お世辞を言われたときには、お礼を言いながらもこんな感じでさらりと受け流したほうがいい。部下からの称賛を真に受けていると、自分が偉い人間だと思うようになってしまって、裸の王様になってしまう。

なお、言うまでもないことだが、上司やリーダーであるみなさんが、部下のことをホメるのはどんどんやったほうがいい。

部下は、上司に声をかけられるだけでも嬉しいのである。ましてや、ホメてもらえるとなれば、なおさら感激するし、発奮して仕事をしてくれるようになる。叱るのではなく、たくさんホメるリーダーになるとよい。

13

自己保身のためにへつらうのが部下である

忠正なる者は言わず、邪諂《じやてん》なる者は日に進む。すでに過ちを見ず、滅亡に至る所以《ゆえん》なり。

（政体篇）

忠臣が口を閉ざして、へつらい者ばかりが幅を利かせる。しかも、君主は自らの過ちに気づかない。これが国を亡ぼす原因なのだ。

部下は、立場が非常に弱い。組織における弱者である。だから、部下は自分が生き延びるためには何でもする。そうしないと組織で生き残れないのだとわかれば、いくらでも媚びへつらうのが部下である。

ミシガン大学のデビッド・バスは、弱者が行う戦略のひとつに「チャーム戦略」があると述べている。チャームというのは、相手を「魅了する」という意味で、お世辞を言いまくったり、贈り物をしまくったりするのがチャーム戦略である。

立場が上の人間は、相手に気に入られることを考える必要はない。そんなことをしなくとも、自分の立場が揺らぐことはないのだから、わざわざチャーム戦略などを使う意味がない。

ところが、弱者は違う。

弱者は、自分のポジションが、ものすごく不安定な土台に立っていることをよく知っている。だから、チャーム戦略でも何でも利用し、とにかく上位者に嫌われないように努める必要があるのだ。

男芸者にでも、茶坊主にでもなれるのが部下である。そうしないと組織からつまはじきされてしまう、という悲しい宿命を持っているから、泣く泣く「へつらい者」に甘んじているのだと考えられる。

アリストテレスの愛弟子にテオプラストスという人物がいる。そのテオプラストスの書いた

『人さまざま』（岩波文庫）には、ケチであるとか、へそ曲がりであるとか、不平屋といった人物の描写がなされているのだが、へつらい者についても書かれている。

テオプラストスによると、へつらい者とは、人がだれか友だちを訪ねに出かけることを知ると、ひと足先に相手のところへ走ってゆき、「あの人が、あなたのところへお見えになりますよ」と言い、またとって返し、「お知らせしておきました」と言うような人物のことらしい。へつらい者の描写として、非常にわかりやすい。そしてこの描写は、部下がとる行動にそのままあてはまる。

部下は、とにかく上司の顔色をうかがっては、嫌われないようにものすごく気を遣う。ボスやリーダーは、そういう気を遣う必要がないから、ものすごく尊大である。

セクハラ（セクシャル・ハラスメント）やパワハラ（パワー・ハラスメント）というものは、基本的に、地位や立場が上の人が行うものである。地位が上の人は、下の人間の気持ちなど、まったく考えていない。だから、平気でセクハラをしたり、パワハラすることができるのである。

立場が下の人間が、上司にセクハラをして訴えられた、という事件など聞いたことはない。被害に遭うのはいつでも部下のほうだと相場が決まっている。

米国サウス・ダコタ大学のウィリアム・シュウェインルは、人の心を読むのがヘタな人ほどセクハラしやすい傾向があることを突き止めている。相手がどう感じているか、どう思うかがわからない人は、セクハラしやすいのだ。

ボスやリーダーは、基本的に部下の顔色をうかがう必要などないから、自分でも気がつかないうちに、セクハラやパワハラをしている可能性がある。そんな最低のリーダーにならないようにするためには、たえず自分を律するしかない。

部下が自分にへつらってくるのは、そうしなければならないという必要性に駆られての行動なのであり、喜んでへつらっているわけではない。喜んで服従しているわけではない。ただ我慢しているだけなのであり、本当はイヤなのだ。

部下がへつらっている姿を見て喜んでいる上司やボスがいるかもしれないが、そんな人間になってはならない。本当は、部下が上司に気を遣うのではなく、上司であるみなさんのほうが部下には気を遣わなければならないのだ。

14

「まあ、これくらいいいか」と小さなことを見逃さない

朝に臨みて断決するに、また律令に乖《そむ》く者あり。公等、もって小事となし、ついに執言《しつげん》せず。およそ大事はみな小事より起こる。小事、論ぜずんば、大事またまさに救うべからざらんとす。

（政体篇）

朝廷で政務を決裁するとき、時々、法令違反に気づくことがある。この程度のことは小さいことだとして、あえて見逃しているのであろうが、およそ天下の大事は、すべてこのような小事から起きるのだ。小事だからといって放っておけば、大事が起きたときにはもはや手のつけようがなくなるぞ。

小さなことを見逃していると、そのうちにとんでもない事態を引き起こしてしまうぞと太宗は戒めている。

実際、大きな事件や災害というものは、小さな事故の積み重ねから生じることが知られている。これを「ハインリッヒの法則」という。いろいろな事故のデータを詳しく分析してみると、ひとつの大きな事故が起きる前には、中程度の事故が29回起きていて、小さな事故が３００回くらい起きている、というのがハインリッヒの法則だ。

大きな事故の背後には、必ず、小さな事故の積み重ねがある。

だから、大きな事故を起こさないためには、とにかく小さな事故が起きたときに、徹底的に原因を調べて、早めに手を打つことが必要になるわけだ。

ディズニーランドが成功している要因のひとつに、スタッフについての厳密な服装規定がある。訪問客は、スタッフの清潔感のある服装に好感を持っているのだ。だからこそ、ディズニーランドでは、スタッフに厳密なルールを設けて守らせているのである。

たとえば、スタッフの一人が、髪の毛をほんの少しだけ茶色に染めてきたとしよう。そのとき、リーダーが「まあ、これくらいならいいか」と注意せずにすませてしまうと、次の日には、他のスタッフも同じように髪の毛を染め始める。

ほんのちょっぴり髪の毛を染めるだけなら、まだしも許されそうな気もするが、そういう〝小さなところ〟を許さないのが、ディズニーランドが成功した理由である。

ほんの少しの茶髪でも許せば、そのうちにどんな髪型も許されることになり、鼻ピアスをしたスタッフ、「腰パン」姿のスタッフも現れるに決まっている。そうなってからでは、もはや手が付けられない。だから、その前にそうならないような手を打っているのだ。

リーダーは、小さなことでも、いや小さなことだからこそ、厳しく注意しなければならない。小さなことを注意しておけば、大きな失敗はしなくなるものである。

中村健一さんの『策略―ブラック学級づくり　子どもの心を奪う!クラス担当術』（明治図書）という本を読んでいたら、子どもに学級崩壊を起こさせたくないのなら、どんなに小さなことでも見逃さないことが大切だ、と書かれていた。

担任というのは、言ってみればそれぞれの学級のリーダー。そのリーダーが小さなことを見逃しているから、だんだん子どもが荒れてきて、学級崩壊に至るというのである。

たとえばクラス全員に教科書を音読させるとき、一人だけ声を出さない生徒がいるとする。こんなとき、中村さんはすぐにその子どもを名指しで怒鳴りつけるのだそうである。「まあ、一人くらい声を出さなくていいか」と見逃していると、そのうち他の子どもたちも声を出さなくなり、先生の言うことも聞かなくなり、最終的には学級崩壊につながってしまう。

小さなうちにピシッと子どもを締めつけておくことが大切だという中村さんの指摘は、そのままリーダーに必要な心構えであるともいえる。

「挨拶の声が小さいみたいだけど、まあ、今日くらいはいいか」

「ネクタイが少し弛んでいてだらしなく見えるけど、まあ、1回は見逃してやるか」

「あんまり細かいことをいうと、嫌がられるかもしれないから、叱るのは次でいいか」

という情けは絶対に禁物である。

組織やグループをきちんと管理したいのなら、できるだけ小さなうちに手を打っておかなければならない。「小さいことを口うるさいヤツだな」と思われるかもしれないが、それでも管理できなくなるよりは、はるかにマシである。

15

まかせるときには、そっくりまかせる

それ国を治むるは、なお樹《き》を栽《う》うるがごとし。本根、揺《うご》かざれば、則ち枝葉茂栄《もえい》す。

（政体篇）

そもそも国を治めるのは、木を植えるようなものだ。木というのは、根や幹がどっしりしていれば、枝葉は自然に繁茂するものなのだ。

何でもかんでも自分でやらないと気がすまない人がいる。

そういう人は、あまりリーダーに向いていない。社員やスタッフなどは雇わず、一人だけで会社を経営するか、フリーランスで働くべきである。他の人に仕事をまかせられないのなら、一緒に仕事をする意味がないからである。

リーダーと社員は、一心同体であるし、その意味では、平等で公平であるべきだが、だからといってリーダーの仕事と、社員の仕事は自ずと違いがある。自分一人でできることには限界があるから、部下を信用してまかせるべきところは、どんどんまかせていかなければ組織は動かない。

部下のやることまでリーダーが口を出したり、手を出したりしていたら、時間も労力ももったいない。リーダーにはリーダーとしてやらなければならない職務があるはずで、そちらに全力を出せばよい。そうすれば、会社は自然とうまくいくものである。

社員やスタッフを信用して、そっくり仕事をまかせよう。

「キミに頼んだぞ！」と言ったら、その後になって「あれはどうなってるの？」といちいち詮索するのをやめて、最後までまかせるのである。本人のやりたいようにやらせるのである。

部下に指示を出しても、1時間おきに報告を求めるようなひどい上司がいる。あまり口うるさく報告を求めると、部下のほうも「自分は信用されていないのだな」と感じ、やる気をなくしてしまう。

部下に仕事をまかせて、自分の判断で動いてもらうことを〝エンパワーメント〟という。日本語にすれば、「権限移譲」。

権限を委譲したのなら、あとは細かいことを言わないのが鉄則。もちろん、失敗したときにはきちんと責任もとってもらうことになるが、そういう失敗もどんどんさせていかないと、部下は成長しない。

リーダーがリーダーとしてどっしりと構え、細かいところは部下にどんどんまかせるようにすると、どうなるか。

部下たちは、一生懸命に働くようになるのである。

「自分を信用して、この仕事をまかせてもらったんだから、この仕事だけは絶対に自分で何とかモノにしよう！」と考えてくれるのである。仕事に対する責任感も生まれ、手抜きなど起きなくなる。

オーストラリアにあるクイーンズランド大学のグラハム・ブラドレーは、あるホテルのスタッフについて、次の3条件で仕事ぶりを比較してみたことがある。

①完全な権限移譲条件
（スタッフにその場での判断と決定がすべてまかされている）
②制限的な権限移譲条件

（ガイドラインに沿ってではあるが、ある程度の判断と決定がまかされている）

③権限移譲なし条件

（すべてのことについて、上司の判断を仰がなければならない）

その結果、もっとも気持ちよく働いてくれるのが①の完全な権限移譲の条件で、②の制限的な権限移譲になると、あまり仕事に精を出してくれなくなり、上司の言いなりでしか働けない条件では、さらに仕事ぶりがひどくなる、という結果が得られたという。

リーダーは、どんどん部下に権限を委譲していかなければならない。部下を信用し、自分のやっていることをまかせられないのだとしたら、何のために部下を雇っているのかがわからない。

第二章 CHAPTER TWO

交流・共感篇

16

愛想を振りまくのも、リーダーの仕事のひとつと割り切れ

太宗、威容厳粛にして、百僚の進見する者、みなその挙措《きょそ》を失う。太宗、そのかくのごとくなるを知り、人の事を奏するを見る毎に、必ず顔色を仮り、諫諍を聞き、政救の得失を知らんことを冀《こいねが》う。

（求諫篇）

太宗は、いつも厳然としていたので、その前に伺候する臣下たちは、その威厳に気圧されてしまうのが常だった。それに気づいた太宗は、臣下が伺候するたびに、必ず顔色をやわらげて彼らの諫言を聞き、政治の実態を把握することにつとめた。

太宗という人物は、「威風あたりを払う」という形容がぴったりするくらいに威厳のあるリーダーだったようである。そのため、臣下たちはどうしても委縮してしまって言いたいことを言えなかった。

太宗の偉いところは、それに気づいた後では、必ずニコニコするようにしたことだ。「どうも俺は怖がられているみたいだな。ニコニコと愛想よくしておかないと、臣下たちは思ったことを言ってくれないぞ」と考えたわけである。けっこう策略家なところもあったのであろう。

部下には、ナメられてもいけないが、怯えさせてしまうのもいただけない。自由に何でも言ってもらうためには、リーダーのほうからニコニコと微笑みかけ、愛想をよくすることも重要である。

リーダーがいつでも怖い顔をして、社員を睨みつけているような会社があったとする。その会社の社員は、恐怖を感じるために一生懸命に仕事をするかもしれないが、どうにも息が詰まりそうな感じだ。

その点、リーダーがいつでも微笑みを絶やさずにいてくれれば、社員もホッと安心して、のびのびと仕事をしてくれるのではないかと思う。もちろん、いろいろと役に立つ提言もしてくれるであろう。

ソニーの前身である東京通信工業の設立趣意書の中にある「自由闊達にして愉快なる理想工

場の建設」というのは、社員全員が楽しく夢を追いかけよう、という意味であろう。そういう会社を実現するためには、やはりリーダーがだれよりも明るくなければならないと思う。

リーダーが愛想を振りまくことには、社員が自由にモノを言い合える雰囲気を作るだけでなく、別の利点もある。

それは、会社全体が明るくなる、ということだ。

リーダーの心理的なムードというものは、どんどん広がっていく傾向がある。リーダーがいつでも不機嫌なら、社員も不機嫌になっていくし、リーダーが上機嫌な人なら、職場のムードも自然に明るくなっていくのだ。

イエール大学のシーガル・バーセードは、リーダーが頻繁に笑って明るく演じると、その他のメンバーも明るくなっていく現象を実験的に確認し、これを「リップル効果」と名づけた。「リップル」とは「波及する」という意味である。

リーダーの心理的なムードは、他の人にも感染していく傾向があるのだから、なおさら愛想よくすることは大切だ。リーダーが陰鬱なムードだと、他の社員も何となく陰気な雰囲気になってしまうし、リーダーが明るければ、スタッフも自然と明るくなってゆく。

会社の雰囲気は、リーダーが作るのだ。

だからこそ、愛想を振りまくことはリーダーの大切な役割のひとつであるといっても過言ではないだろう。

家庭でどんなに嫌なことがあっても、職場に出るときには、ニコニコと上機嫌に振る舞わなければならない。仕事をするときには、つまらなそうな顔をするのではなく、心から楽しんでいる姿を見せなければならない。

「リーダーなのに、ヘラヘラした顔を見せられるか！　マジメに働くのが職場ってもんだ！」と考える読者がいらっしゃるかもしれないが、職場の雰囲気が悪くなるのは、リーダーの責任である。

マジメに働くのはまことにけっこうなことだが、職場を明るくするのもリーダーの仕事なのだと割り切って、愛想のいいところも見せられるようにならなければならない。

ウソでも笑っていれば、自分自身も楽しくなってくる。社員が楽しくなるだけではなく、自分も楽しく仕事ができるのだから、こんなにいいことはない。

17

おバカさんを演じることも重要

主もし自ら賢とせば、臣は匡正《きょうせい》せず。

（求諫篇）

もし君主が自分の賢明さをひけらかしていたら、臣下は、たとえ君主の過失に気づいても、だれ一人として諫《いさ》めようとしなくなる。

経営の神様と呼ばれた松下幸之助さんは、だれがどんなことを口にしても、「興味深いお話でんな」と言っては、真剣に話を聞くことを常としていたという。

おそらく松下さんくらいの人物であれば、たいていの情報はすでに知っていたであろうから、初めて聞く話のようなフリをしていたのではないかと思われる。二度、三度と聞かされた話でも、興味深そうな顔をして話を聞いていたのではないだろうか。

もし松下さんがつまらなそうな顔をしたり、「そんなことはもう知っているよ」という顔をしていたら、だれも自分に話など持ってきてくれなくなる。それを恐れた松下さんは、いつでも自分が知らないような顔をしてとぼけていたのではないかと思う。

名君の太宗も、なるべく自分の賢明さを隠そうと努力していた。

そうしないと、臣下たちが諫めてくれなくなるからである。

「無知を装う」ことは、リーダーにとって立派な演出術のひとつ。

リーダーといえば、他のメンバーのだれよりも優秀で、スマートでなければならないというイメージがあるが、そういうイメージも誤りであって、リーダーは少しくらい「足りない」ところがなければならない。

リーダーに足りないところがあったほうが、スタッフは安心するものである。

「うちのリーダーには足りないところがあるから、自分たちがそこを支えなければ」という気持ちになる。

完全無欠のリーダーなど、だれも求めていない。

かりにスーパーマンのように完璧なリーダーがいたとしたら、スタッフはつねに自分たちが劣っていることに気づかされ、委縮してしまうであろう。「リーダーは、自分たちみたいな凡人とは違うんだ」ということを否応なく感じさせられ、心理的な距離を痛いほどに感じ、親しんでくれなくなるであろう。

不思議なことだが、男性は、目の覚めるような美人を実は敬遠する。

「美人はモテる」と思われているが、現実には、「そんなにモテない」のである。高嶺の花の女の子のほうが、いろんな男性から言い寄られているようなイメージがあるが、そんなことはない。男性は、もっと平凡な女の子に群がるものである。

これはどうしてなのかということに興味を持ったアリゾナ大学のマーク・ランダウが調べたところ、どうやら男性は、美人と一緒にいると、自分の貧相さ、自分の魅力のなさに気づかされるため、美人と一緒にいたくないと感じるらしい。

男性は、平凡な女性が好きであるが、そういう子と一緒にいるときのほうが、自分の魅力のなさに気づかされることもなく、居心地がいいからなのである。

優秀すぎるリーダーも、美人と同じで、一緒にいる人に敬遠されやすい。

だから、優秀すぎるリーダーは、無知を装うとか、あえてドジなところを見せるとか、そういう演出をすることによってバランスをとらなければならない。いつでも完璧な姿を見せていると、スタッフたちの心がどんどん離れてしまう。

「リーダーは、神秘性があったほうがいい」

「リーダーは、常に孤高であるべきで、スタッフに親しんでもらう必要などない」

こういう考えは間違いである。

親しみにくいリーダーのところには、だれも情報を持ってきてくれなくなる。そうなると、どうしても判断や決定に歪みが出てくる。そうならないためには、いろんな人から、いろんな情報を持ってきてもらう必要があるわけで、そのためには、「親しみやすいリーダー」であると思ってもらわなければならないのだ。

エリートであるとか、カリスマ性が強いというリーダーは、まさにその長所によって、人に敬遠されることがあることをしっかりと認識しておこう。ちょうど、目鼻だちの整いすぎている美人が、あえて敬遠されてしまうように。

そういう認識があれば、あえておバカさんを演じてみるとか、たまにはひょうきん者を演じる、といった行動の必要性も感じることができるであろう。

18

感情をコントロールできないリーダーになるな

古《いにしえ》自《よ》り帝王多くは情に任せて喜怒し、喜べば濫《みだ》りに功なきを賞し、怒れば濫りに罪なきを殺す。ここをもって天下の喪乱これに由《よ》らざるはなし。

（求諫篇）

昔から、帝王には自分の感情のままに振る舞う者が多かった。機嫌がよいときには、功績のないものにまで褒美を与え、怒りにかられたときには、平気で罪のない人間まで殺した。天下の大乱は、すべてこういうことが原因で起こるのだ。

感情はいつでも安定していること。これが、リーダーが持つべき特質のひとつである。いきなり癇癪を起したり、いきなり興奮したりする人は、なるべく感情を押し殺す努力をしなければならない。

ほんの些細なことで目くじらを立てる人は、リーダーにふさわしいであろうか。

まったくそんなことはない。

ちょっとしたことで瞬間湯沸かし器のように、頭から湯気を立ち昇らせるような人は、リーダーになってはいけないのだ。

織田信長が天下を取れなかったのは、感情的な人間だったからではないか、と私はにらんでいる。些細なことで、いちいち臣下を怒鳴りつけているようでは、とてもではないが天下は取れない。

たしかに、信長の積極的な性格、革新的な性格は、リーダーにとって必要な特質なのかもしれないが、感情が安定していることに比べたら、たいして必要な特質でもない。積極さ、大胆さは、長所よりも、短所のほうが多く、有害でさえある。

その点、家康は、きわめて我慢強く、自分の欲求を押し殺すことができる人物であった。小さな頃から人質生活を余儀なくされたというのもあるが、隠忍自重という言葉がピッタリの家康だからこそ、天下を取ることができ、徳川幕府300年の礎《いしずえ》を築くことができたのである。

米国オハイオ州にあるアクロン大学のロバート・ロードは、リーダーシップに関連する性格について発表された数多くの研究を、総合的、統合的に分析し直してみたことがある（このようなやり方をメタ分析という）。

その結果、リーダーシップと強く関連している性格に、〝感情的安定性〟があるという結論が得られた。感情的安定性というのは、そのままの意味で、いつでも感情が安定していることを指す。

ちなみに、感情的安定性というのは、生まれ持った特性ではなく、いくらでも訓練によって鍛えることができる。

「私は生まれつき、怒りっぽいから性格は変わらないよ」

「私は、小さな頃から短気だったから、もう直らないな」

と考える人もいると思うが、決してそんなことはない。

人間の性格というのは、本人の努力次第で、いくらでも変えることができる。

感情的安定性だって、普段の日常生活の中での、ちょっとした心がけでいくらでも改善できるということを覚えておいてほしい。

たとえば、何か欲しいものがあっても、その場で衝動的に買うのをやめ、1週間でも、1カ月でも我慢して、それでも欲しかったら買うようにすればよい。すぐに欲求を満たすのではなく、少し我慢するだけでも、感情的安定性は鍛えられる。

部下を叱るときにも、カッとしたときにその場で怒鳴りつけるのではなく、ほんの少し我慢してから、つまり頭が冷静になってから叱るようにする。こうやって自分の感情を抑制し、コントロールする訓練を積み重ねれば、だれでも感情的に安定した性格を手に入れることは可能なのである。

攻撃的で、積極的な性格は、たしかにリーダーにとって必要な特質ではあるものの、衝動的であっては困る。この点を誤解してはならない。

衝動的、発作的に何かをしようとするのは危険だ。リーダーは、一時の感情によって行動を起こすべきではない。

何か行動をとるときには、必ず一歩立ち止まって、「私は、感情によって動かされているのではないか?」と自問自答することが必要である。そういう思考習慣を持つようにすると、感情によって振り回されることが少なくなり、リーダーに求められる行動をとることができるであろう。

19

部下にホンネを語らせたいなら、チャットかメールにせよ

惰弱《だじゃく》の人は忠直を懐《いだ》けども言うこと能《あた》わず、疎遠の人は信ぜられざることを恐れて言うを得ず。禄を懐《おも》う人は身に便ならざることを慮《おもんぱか》りて、あえて言わず。

（求諫篇）

意志の弱いものは、心で思っていても口に出すことはできない。平素、お傍に仕えたことがない人間は、信頼がないことを恐れて、めったなことは口にできない。また、地位にしがみついている者は、ヘタなことを言えばせっかくの地位を失うのではないかと、これまた積極的に発言しようとしない。

貞観政要では、臣下が思ったことを口に出せない理由を、このように分析している。めったなことを口にするものではないとか、あるいは、自分の立場を悪くしてしまうのではないか、という怖れがあって、口にしたくとも口にできないというのである。

この意見は、心理学的にみても正しい。

私たちは、他の人にどう思われるのかを気にして、口をつぐむことがよくあるのだ。

たとえば、会議において、思ったことをズバズバ口にできればいいのだが、そういう人はよほど肝の座った人か、他の人にどう思われるのかを気にしない人だけだ。

たいていの人は見栄っ張りなところがあったり、恥ずかしいという気持ちがあるので、〝猫をかぶる〟のが普通である。

「こんな意見を述べたら、おバカさんだと思われてしまうのではないか?」

「私の意見が的外れだと思われたら、どうしよう?」

こういう不安があるから、人は思ったことを口にできないのである。

では、どうすればこういう人にも積極的に発言してもらえるようになるのか。そんな便利な方法があるのだろか。

実は、思ったことをどんどん口にしてもらう方法がある。

それは、対面式の会議をやめて、パソコンやスマホを介してチャットやメールでやりとりをすること。こうすれば、人は思ったことを自由に口に出すようになる。ホンネをいくらでも語ってくれるようになる。

対面の会議のような場所で、他の人にじっと見つめられた状況で意見を言うのは、とても難しい。緊張度も高い。その点、チャットやメールであれば、他の出席者の凝視にさらされることはないので気楽に発言できる。

しかも、文章であれば、思いつき発言も減るし、文章を書くときには多少の推敲もするであろうから、何を言っているのかわからないということもなく、他の人にも理解しやすいというメリットもある。

カーネギー・メロン大学のサラ・キースラーは、三人一組のグループを作らせて、チャットで話し合いをする条件、メールで話し合いをする条件、対面で話し合う条件、という三つの条件で話し合いをさせ、そのやりとりを分析してみたことがある。

その結果、対面で話し合う条件では、ある特定のおしゃべりな人間が会話を独占していることが判明した。残りのメンバーはただの聞き役に回って、ほとんど発言しなかった（できなかった）のである。

ところが、チャットやメールではそういうこともなかった。

参加者が、みな平等に等しく自分の言いたいことを言っていた。他の参加者に遠慮することもなく、どんどん自分の意見を主張していたのである。

リーダーが他の人を睨みつけながら、「意見を出せ！」「ホンネを語れ！」といっても、なかなか難しいであろう。そんなときは、自分のメールアドレスを教えて、「これ、私のアドレス。何か気づいたことがあったら、いつでもいいから連絡して」と伝えておけばよい。そのほうが、相手も遠慮なくホンネを明らかにしてくれる。

対面では口をつぐんでいる人でも、チャットやメールだと、意外におしゃべりになってくれる人は多い。普段、あまりしゃべらない人でも、パソコンやスマホを介したコミュニケーションだと、いきなり饒舌な人間になるのは、よくあることである。

20

どんなに小さなことでも見逃さずに叱れ

漆器已《や》まずんば、必ず金をもてこれを為《つく》らん。金器已まずんば、必ず玉をもてこれを為らん。所以に諍臣は、必ずその漸を諫む。その満盈《まんえい》に及びては、また諫むるところなし。

（求諫篇）

（食器を作るとき）漆器ですめばよいのだが、やがて金で食器を作るようになり、いずれは金でも飽き足らなくなって、玉で作るようになる。だから、争臣は、必ず初期の段階で苦言を呈するのである。末期状態になったら、どんなに言っても聞いてもらえない。

太宗が、「漆器で食器を作るくらいの贅沢なら、いちいち目くじらを立てるようなことでもあるまい」と述べたとき、臣下の一人が諭した言葉である。

「これくらいならいいか」と思って、それを見過ごしていると、際限なく人間は弛んでしまって、取り返しがつかなくなりますぞ、というのだ。

部下を叱るときには、なるべく早い段階、問題としては小さな段階で叱ろう。

小さな段階で叱っていれば、部下は、それ以上、おかしなことをしなくなるものである。逆に、小さな段階でお目こぼしをしていると、部下はどんどんつけあがってきて、手に負えない状態になってしまう。

私は大学の先生をしているが、4月中、特に初回の講義や2回目の講義では、ものすごく怖い先生であることを印象づけておく。1分でも遅れて教室に入ってくる学生がいれば、「お前は遅刻だ、帰れ！」と怒鳴るし、ほんの少し学生がザワザワとしただけで、「お前ら、もう大人だろう。ガキみたいに騒ぐな、黙れ！」と叱責する。

なぜ、そんなに最初に厳しくするかというと、その後の学生の管理がずっとラクだからだ。最初の1、2回の講義でピリッとさせておけば、その後は学生が素直にこちらの言うことにしたがってくれる。

最初に叱責すべきところを放置しておくと、平気で30分も遅れて、しかも悪びれずに教室にフラフラと入ってくる学生、友達と大騒ぎするグループが出てきて、どうにもならなくなる。

講義が始まって10回目くらいでどうにかしようとしても、もう手の施しようがない。「静かにしなさい！」と何度大声を張り上げても、学生は言うことをきいてくれなくなる。小学校では学級崩壊が時折問題になるが、大学も同じくらいひどいのではないかと思う。

心理学には、〝スリー・セット理論〟という理論がある。

人間の印象とか評価というものは、3回会うときまでに決まってしまう、という理論だ。

初回から3回目までに怖い人間を印象づけておけば、「この先生の言うことは聞いておこう」という気持ちになる。

ところが、最初の3回目までに甘やかしておくと、「この先生はチョロイな。何をしても叱らないんだから」という印象が固定化されてしまう。これは非常に怖い。

人間の印象というものは、いったん抱かれてしまうと、なかなか変えることが難しい。だから、最初の小さな段階でどんどん叱ったほうがいいのである。

もちろん、相手がいいことをしたときには、思いっきりホメてあげることも重要だ。そうすれば、「怖いところもあるけど、けっこう親しみやすい人なのかもしれない」と思ってくれる。

上司や先輩の中には、〝いい人〟だと思われたくて、部下や後輩にものすごく甘く接しようとする人がいる。

しかし、何事も最初が肝心とはよくいったもので、最初は少しくらい厳しい人間を印象づけたほうが、絶対的にトクをする。後になってから、小言を言おうとしても、聞く耳を持ってくれなくなるからだ。

最初は怖い人間だと思われておき、それから冗談を言ったり、一緒にお酒を飲んで楽しんだりして、付き合いやすい人間であることをわかってもらうようにすればいい。この順番はとても重要である。いい顔を見せてもいいが、それが最初ではマズイのである。

子どもを躾けるときもそうで、小さなうちに厳しく躾けておけば、中学生、高校生になっても、親の言うことにはちゃんと従う子どもになる。ところが、小さなときに甘やかしておくと、小学校の高学年くらいになったら、もう手がつけられなくなる。

最初は口うるさいなと思われるくらいでちょうどいい、ということを覚えておこう。

21

「反対しない」ことは、「賛成している」ことを意味しない

それ人臣の帝王に対する、多く順従して逆らわず、甘言してもって容を取る。（納諫篇）

臣下というものは、自分の仕える帝王の意に逆らわず、もっぱら気に入られそうなことばかり言って、ご機嫌を取り結ぼうとしがちなものだ。

「何か他に意見ありますか?」と求めたとき、参加者が黙っているからといって、賛成しているとは限らない。

積極的に反対意見を述べないからといって、それがそのまま賛成なのかというと、そんなことはない。なぜなら、社員とか部下というものは、基本的に反対意見など述べないものだからである。

政治の世界でもそうであろう。有権者が、投票にいかないからといって、現政権のやっていることに必ずしも賛成しているわけではない。黙っていて、声をあげないからといって、それがそのまま与党を支持していることにはならない。「どうせ自分一人が声をあげたところで」という無力感から投票にいかないだけであることも多い。

社員が考えていることは、どうすれば先輩に、上司に、オーナーに嫌われないか、ということである。そして、相手が気に入りそうなことしか口にしない。これを心理学では、「ご機嫌とり戦略」とか、「取り入り戦略」と呼んでいる。黙っていることは「サイレント戦略」という。

これらの戦略は、みな〝立場が弱い人間〟がやむにやまれずにとる戦略である。自分で好んでとっているわけではない。とらざるを得ないから、しかたなくそういう戦略で生き延びようとするのである。

私たちは、自分の立場が弱いと感じるときには、堂々と自己主張などできない。

無意識のうちに、自己保身の欲求が働いて、気づかないうちにご機嫌とり戦略やサイレント戦略をとってしまうようである。

ノース・イリノイ大学のジョセフ・スカッダーは、運輸セキュリティ会社に応募してきた人の面接場面をビデオに録画して、どんなやりとりをするのかを分析してみたことがある。

一般に、アメリカ人は自己主張が激しいと言われているが、スカッダーが分析してみたところ、まったくそんなことはなかった。

応募者は自分の立場が弱いことを知っていて、面接官が気に入りそうなことばかり口にしていたのである。「御社の経営方針にはまったく賛成です」などというお世辞ばかりだったのだ。

立場が弱い人間は、思っていることを口になど出さない。

口に出したら、自分の立場が悪くなると思えば、反対意見など述べるはずがないのである。しかも日本人は、もともと大人しく、謙虚な人が多い。だから、なおさら相手のメンツをつぶすような反対意見は述べない。お世辞は言わないかもしれないが、黙っていることで、慎ましやかに「あまり賛成ではありません」という態度を匂わせるだけである。

自分が部下に何かのアイデアを話し、「キミは、それをどう思う?」と質問したとする。このとき、部下が目を輝かせながら、「いいと思いますよ!」とすぐに同意してくれるのなら、本当に賛成してくれているのであろう。

ところが、目を伏せて、「ええ……」と言葉を濁して黙っているのなら、心の中では反対しているのだ。ただ、反対意見を述べると、気分を悪くさせてしまうと思うから言わないだけなのである。

人間には、だれにでも口があるのだから、言いたいことは何でも口に出すと思ったら大間違いである。むしろ、口に出せない、口に出さないことのほうが、はるかに多い。

リーダーは、そういう部下の心情をしっかりと汲んであげて、「言いにくさ」を軽減してあげる工夫をしなければならない。

にこやかに微笑んで見せて、何を言っても怒らないという態度を見せるのもひとつの作戦であるし、一緒にお酒を飲んで口を軽くさせるのもひとつの作戦である。とにかく、何らかの工夫をしなければ、人は反対意見など述べないものである、ということを理解しておく必要があるだろう。

22

「内容」はどうでもいいから、意見を出してくれたことをまずホメよ

人の上書して辞理称《かな》わざる者有らば、或いは面に対して窮《きわ》め詰《なじ》る。慚《は》じ退かざるなし。恐らくは進言を奨《すす》むる者あらざらん。

（納諫篇）

上書に少しでもあやふやなところがあれば、陛下はその者を呼びつけて激しく叱責なさいます。上書した者こそいい面の皮、ただただ恥ずかしい思いをするばかり。これでは、あえて諫言しようとする者などいなくなりましょう。

部下が上申書を出してくれたり、意見を述べてくれたときには、その内容はどうでもいいから、まずホメよう。

その内容がよかったらホメてあげる、のではない。

内容のいかんにかかわらず、とにかくアイデアや意見を「出してくれた」ことに感謝するのである。

意見を述べるだけで、大喜びしてみせ、たっぷりとホメれば、どうなるか。

部下や後輩は、「こんなことでホメてもらえるのなら、もっとやってみよう」と思う。つまり、意見を述べるという行動が増えるのである。

ところが、せっかく上申書を出しても、「内容がひどすぎる」とか「子どもみたいな意見を述べるんじゃない」とたしなめられると、どうなるか。「もう二度と、こんなことはやめよう」と思うに決まっている。

部下が何かの意見を述べてくれたときには、そのこと自体に感謝すべきだ。

そして、内容などどうでもいいから、将来的にも同じことをしてくれるように、心からお願いすべきである。そうすれば、部下は、どんどん意見を述べてくれるようになる。

会議において、真っ先に意見を述べてくれる人がいたとしたら、やはり内容のいかんにかかわらず、「おっ、いいね！」とリーダーはホメてあげるべきである。

かりにその人の発言が、どうでもいい意見であったとしても、手放しでホメてあげれば、他の参加者たちも安心する。そして、「あんな意見でホメてもらえるのなら、自分はもっといい案を出せるよ！」という気持ちになり、どんどん意見を出してくれるようになる。こうやって、会議の議論も盛り上がっていく。

ところが、ダメなリーダーは、だれかがせっかく口を開いてくれたのに、その意見をなじるようなコメントを平気で言うのだ。ため息をついて、「くだらない」という顔をするのである。リーダーがそのような態度をとっていたら、他の参加者も委縮するに決まっている。だれも発言できなくなって、会議は盛り下がっていく。

私たちは、人にホメられたことは、将来的にもっとやろうとする。

ホメられるということは、私たちにとって大変に嬉しいことであり、大きな報酬なのである。だから、ホメられた行動は増えてゆく。これを「強化の法則」と呼ぶ。

ノース・キャロライナ大学のドーソン・ハンコックは、組織リーダーシップ訓練に参加してくれる人を募って面白い実験をしたことがある。半分のグループの参加者には、訓練の途中でものすごくホメてあげ、残りの半分のグループの参加者のことは、一切ホメなかったのだ。

それから各自に自宅での課題を与えたところ、ホメられたグループでは平均46・8分の取り組みをしてくれたのに、ホメられなかったグループでは34・7分しかやらなかったという。ホメられれば嬉しくなり、自発的に課題にたくさん取り組むようになったのに、ホメられなかった人は、バカバカしくてやる気がなくなってしまったのだ。

部下が「意見を言う」という行動を増やしたいのなら、意見を言ってくれるたびごとに、たっぷりとホメてあげればよい。そうすれば、その行動は自然に増えていく。

内容がよかったらホメてあげるのではダメだ。

内容など、どれほどひどかろうが、ホメてあげるのが正解である。

23

短所は見るな、長所だけに目を向けよ

陛下いまだその長を用いず、ただその短を見て、臣等欺罔《ぎもう》すとなす。実にあえて心伏せず。

（納諫篇）

陛下は、かれの長所に目を向けず、その短所だけを見て、臣下たちを詐欺師呼ばわりしますが、私どもは承服いたしかねます。

凌敬《りょうけい》という人物が贅沢好きだといううわさを聞いたとき、太宗は推薦人の魏徴《ぎちょう》に文句をつけた。しかし、魏徴は「最初から凌敬は贅沢好きであるが、長所はよく諫言をすることだと申し上げていたではないか」と逆に太宗に食ってかかっている。

人の短所を見てはならない。

短所など、見つけようと思えばいくらでも見つかるに決まっている。短所を持っていない人間などいないのだから。

しかし、短所ばかりあら探ししていたら、せっかくの長所を活用することができなくなる。リーダーはそれではダメなのである。

それにまた短所といっても、見方を変えれば長所になることもある。

俳優の三船敏郎さんは、粗削りな人で、繊細な演技のできない新人だった。けれども、黒澤明監督は、短所であるはずの欠点を、ワイルドで奔放という長所ととらえ、彼を大抜擢して数々の名作をものにした。

「仕事が遅い」という短所だって、見方を変えれば、「慎重な仕事ぶり」と評価できる。

「神経質で口うるさい」という短所だって、「細かいところによく気がつく人」と評価できる。

結局、人の長所を探してあげようという気持ちさえあれば、短所など気にならなくなるのである。

リーダーは、人の〝いいところ探し〟の名人にならなければならない。

いや、人の長所を見つけてあげるだけでは足りない。

それをはっきりと相手に伝えるのだ。

「キミには、企画能力があるよ」

「あなたには、職場を明るくするオーラがあるよ」

「キミの電話の応対の仕方はとても上手だね」

「キミは、わが社で一番の力持ちだな」

自分が気づいたところは、どんどん指摘してあげるとよい。そうすれば、相手はそこが自分の長所であることに気づいてくれ、それをさらに伸ばそうという気持ちになるであろう。自分に自信も持てるようになるだろう。

いくら部下の長所に気づいたとしても、それを伝えてあげなければ相手には理解できない。自分で気づいたことは、相手にそれを伝え、そういう〝レッテル〟を貼ってあげるようにすればよい。そうすれば、相手はさらに長所を伸ばそうとして、努力してくれる。

人は他人に貼られたレッテル通りの人間になっていく。

これを〝レッテル効果〟という。

ノースウェスタン大学のリチャード・ミラーは、シカゴの公立小学校で、とあるクラスの担任の先生にお願いして、8日間にわたって「みんなキレイ好きね」というレッテルを貼ってもらうことにした。

すると、実験者が教室にわざとゴミを落としておくと、82％の子どもがゴミを拾うようになったそうである。ちなみに、そういうレッテルをまったく貼ってあげなかった他のクラスでは、教室にゴミが落ちていても27％の子どもしかゴミを拾わなかった。

部下に、もっと親切な人間になってほしいのなら、「あなたは親切な人だね」とレッテルを貼ってあげればよい。そうすれば、どんどん親切な人間になってくれる。

部下に、もっと愛想のいい人間になってほしいのなら、「もっと笑え」と命令するのではなく、「キミは、笑顔がものすごく素敵な人なんだよね」というレッテルを貼ってあげればよい。そうすれば、自然に愛想のいい人間に変わってくれるであろう。

江戸時代の儒学者である荻生《おぎゅう》徂徠《そらい》は、「人を用いる道は、その長所をとって短所を構わぬことなり」といっている。

リーダーは、長所探しの、そして気づいた長所は相手に伝える名人でなければならない。人のあら探しをして、「お前はここがダメ、あそこがダメ」とダメ出しばかりするリーダーには、だれだってついていきたくない。短所などどうでもいいから、長所に目を向けられるリーダーを目指そう。

第三章
CHAPTER THREE

人材篇

24

苦労したくないなら、リーダーになるな

古より草創の主、子孫に至りて乱多きはなんぞや。

（君臣鑒戒篇）

昔から、創業者は英邁《えいまい》であっても、子孫の代になると政治に混乱が起きてしまうのは、なぜであろうか。

太宗が発したこの問いに、司空《しくう》の房玄齢《ぼうげんれい》は言っている。奥深い宮殿で育てられた幼君は、世間の苦労など何ひとつ知らないからだ、と。ようするに、苦労をしていない人間はダメだというのである。

初代が立派な人でも、二代目、三代目になると、家業が傾くことはよくある。

その理由は、苦労を知らないからであろう。

どんな業種もそうだと思うが、熱意とやる気と根性がなければ、一流の人間にはなれない。たいして努力もせず、中途半端にやっていたら、中途半端な結果しか残せないに決まっている。

リーダーになりたいなら、人の2倍、3倍の苦労をするのが〝当たり前〟。

「会社を興して、社長にでもなって、のんびりとやりたいな」と考える人がいるかもしれないが、とんでもない考え違いをしていると言わざるを得ない。

リーダーは、決してラクな仕事ではない。ラクにやっているリーダーは、たいてい会社を潰すリーダーである。

社員に2倍働くことを求めるなら、上司には3倍、役員には5倍、リーダーの自分にいたっては10倍も汗をかく気持ちがなければリーダー失格である。

日本経団連の会長を務めた土光敏夫さんは、「経営者は〝偉い人〟ではない。〝ツラい人〟だと知れ」という名言を残している。

リーダーは、偉くなどないのだ。

ただただ苦しいのがリーダーである。人の上に立つのだから、辛く、苦しいのは当たり前だと思っていなかったら、とても務まらない。

欧米の企業では、社長を3年やっても胃潰瘍にならなければ、本気で仕事をしていないと見なされる、という話を聞いたことがある。社長は苦しいので、胃潰瘍になったり、身体を壊すのが当たり前だという認識だ。

そういう苦しさがイヤなのであれば、最初からリーダーになってはならないのである。リーダーというのは、苦しいポストに決まっているのだから。

スポーツの世界もそう。

一流と呼ばれるプロ選手は、普通の選手とどこが違うのか。

生まれ持った才能がそもそも違うのか。

いや、そうではない。

一流と二流をわけるのは、たったひとつしかない。それは「練習量」。一流の選手は、だれよりもたくさん練習する。だれよりも苦労をする。だから一流でいられるのであって、そこには何の不思議もない。

英国ティーズサイド大学のジム・ゴルビーがプロのラグビー選手について、どういう選手ほどランクが高いのかを調べてみたことがある。その結果、最高ランクの選手ほど、人一倍練習熱心であることがわかったという。だれよりも努力していれば、超一流でいられるのも当たり前だ。

優れた上司、優れたリーダーでありたいなら、苦労するのなんて当たり前だと思わなければならない。「リーダーになったらラクができる」などとはつゆほども思ってはいけない。リーダーは辛いものなのである。

25

最前線（フロントライン）で働く現場の人をもっとも大切にしろ

朕、深宮の中に居り、視聴、遠きに及ぶ能わず。委《ゆだ》ぬるところの者は、ただ都督《ととく》、刺史《しし》にして、この輩は実に理乱の繫《かか》るところなり。もっともすべからく人を得べし。

（択官篇）

私は宮殿の奥に住んでいるので、遠く地方のことまでには、なかなか目配りができない。そこで、地方のことは、都督、刺史らに委任しているわけだが、天下の治乱は、じつに彼らの双肩にかかっている。だから、地方長官には、とりわけ優れた人材を起用しなければならない。

リーダーは、直接に現場とかかわっているわけではない。

だからこそ、現場の人間の育成はとても重要である。

ディズニーランドは、スタッフの9割がアルバイトである。にもかかわらず、顧客満足度はほぼ満点に近い。

なぜそんなことが可能なのかというと、アルバイトであるスタッフにホスピタリティ・マインドが徹底されているからだ。どんなスタッフも、ゲストであるお客さまのことを考えて行動している。ゲストに満足してもらえるよう、常に考えている。

最前線のスタッフを、ディズニーランドではものすごく大切にしている。

口で「大切にする」というだけでなく、実践もしている。

だから、アルバイトであるはずのスタッフも、本気のホスピタリティで応えているのである。

ディズニーランドでは、年に一度「アルバイト感謝デー」というイベントがあるらしい。アルバイト感謝デーとは、彼らが日頃働いているディズニーランドにアルバイトをゲストとして呼んで、おもてなしをする日のことだ。だれがおもてなしをするのかというと、正社員。

もちろん、社長もおもてなしをする側で参加する。歴代の社長は、いつでもカストーディアル（清掃員）。こういうイベントデーを目に見える形で実践しているから、アルバイトのスタッフも、「ああ、自分たちは本当に大切にされている」と思えるし、本気で仕事をしようと思うのであろう。

なお、ディズニーランドがどうやって現場のスタッフを育てているのかということについては、福島文二郎さんの『9割がバイトでも最高のスタッフに育つディズニーの教え方』（KADOKAWA）という本に詳しい。

リーダーが現場のスタッフを大切にすれば、現場のスタッフも、最高のパフォーマンスでリーダーの期待に応えてくれる。私たちは、自分が大切にされていると思えば、どうにかしてその恩義に報いたいと思うものである。こういう心理を「返報性」という。

米国デンバー大学のポール・オルクは、友人関係や恋愛関係においては、こちらが相手のためにに何かをしてあげれば、むこうからも協力や援助、好意が返ってくるという返報性が見られるが、ビジネスでもそれは変わらないと指摘している。

上司やリーダーが、しっかりと現場のスタッフを大切にしてあげれば、現場のスタッフは手を抜いたり、サボったりしなくなる。むしろ、自分の仕事以外のことまで、率先してやってくれるようになる。

ところが、リーダーが現場のスタッフを大切にしていなければ、スタッフもどんどんやる気を失うし、監督していないところでは手を抜く。お客さまとの接客でも、いいかげんになるし、笑顔も見せない。

なお、現場のスタッフを大切にするときには、ただ口でいうだけでなく、きちんと行動が伴っていなければダメである。

「みなさんのことは、いつも大切にしています」と口でいうだけでなく、ボーナスや社内賞などを用意して報いてあげるとか、スタッフのための飲み会を開いてあげるとか、スタッフ全員の写真を、オフィスに飾ってあげるとか、とにかく何らかの目に見える形で大切にしていることを伝えなければならない。

リーダーがすべての仕事を一人でできるわけではない以上、どうしてもスタッフの協力が必要になる。リーダーは、自分を大切にするのではなく、働いてくれるすべてのスタッフに感謝しなければならない。「自分だけいい思いをする」など、とんでもないことである。

26

人材は、いつでもどこでも、いくらでもいる

なんの代にか賢なからん。ただ遺《わす》れて知らざるを患《うれ》うるのみ。

（択官篇）

どんな時代にも、人材はいると思う。ただ、われらのほうがそれに気づかないだけのことではないのか。

「うちは小さな会社だから、優秀な人材が来てくれないんですよ」

「うちみたいな中小企業は、ロクでもないヤツの吹き溜まりですよ」

「まったく使えないヤツばかり集まってきて、どうにもなりませんよ」

自分のところのスタッフをそんなふうに悪く言う経営者がいる。

しかし、本当に、そんなに使えない人ばかりなのだろうか。

私は、そう思わない。

おそらく、スタッフの中には、有能な人もいるのであろう。優れた技術を持っていて、本気を出せば、今の2倍も、3倍も高いパフォーマンスを示すことのできる人もいるのであろう。ただ経営者のほうがスタッフたちに期待をしていないから、本気を見せていない、というだけではないのかと思う。

「優秀な人材がいない」というのは、ウソ。

人材というものは、いつでも、どこにでも、いくらでもいる。

どんな人間でも、〝磨けば光る〟のであり、まったく完全に腐りきった人間などはいないのだ。リーダーがたっぷりと期待をかけ、目をかけて育てようという気持ちを持てば、どんな人でも、優れた人材に成長してくれる。

教育心理学では、「ピグマリオン効果」として知られる有名な用語がある。

学校の先生が、「この子は算数が伸びそうだな」と心の中で思っていると、驚くべきことにその子は算数の成績が劇的に伸びてしまうのである。「算数を、もっと頑張れ！」などとハッパをかけたりはしない。心の中で期待しているだけなのに、実際にその通りになってしまうのだ。

米国オレゴン州にあるポートランド州立大学のパメラ・チャーニーは、ピグマリオン効果は、教育現場だけでなく、ビジネスの分野でも見られるのではないかという仮説をたてた。

そして、実際に、とある化学会社の研究開発部に勤めている上司と部下について検証してみたのだが、上司が部下に対して何らかの期待を抱いていると、まさにその通りに部下が伸びていくことが明らかにされたという。

たとえば、上司がある部下に対して、「こいつなら独創的なアイデアを出せるかも」と期待していると、しばらくすると本当に優れたアイデアを出すようになってくれたというのである。

スタッフについては、どんどん期待してあげてほしい。

「こいつはアルバイトだから、どうせすぐに辞める」と思っていたら、本当にすぐに辞めてしまう。悪い期待を持ってはいけないのだ。

スタッフに期待を持つときには、良い期待だけを持つようにしよう。「この人は、愛想がいいから、お客さんにも人気が出るだろう」と期待してあげれば、そのスタッフは本当に接客の上手なスタッフへ成長してくれる。悪い期待を持たないようにするのがコツである。

ちなみに、良い期待だけでなく、悪い期待のほうも、やはり実現してしまうことが明らかにされている。悪い期待のほうが叶ってしまうことは、ゴーレム効果と呼ばれているのだが、みなさんが起こすのはピグマリオン効果だけでよい。

「こいつは見所があるなあ、将来が楽しみだなあ」と思って、ニコニコと微笑みながら接してあげているだけで、部下は優秀な人材に育っていってくれる。不思議なもので、上司がどんな期待を持っているのか、ちゃんと部下はそれを見抜いてしまうらしいのである。

その点、「自分はあんまり期待されていないな」ということも、部下はちゃんと見抜いてしまう。そして、期待されていないと思うから、仕事もいい加減にしかやらなくなる。灰皿を洗っておいてくれと命じられても、適当に水をかけて終わりにしてしまう。期待されていないのだから、この程度でいいだろう、という気持ちになるのだ。

スタッフや後輩、あるいは部下を優秀な人材にするのかどうかは、リーダーの期待ひとつ。リーダーの期待さえあれば、人材はいくらでも手に入る、ということを覚えておいてほしい。

27

言葉でなく、行動を観察する

人を求めんと欲せば、必ずすべからく審《つまび》らかにその行ないを訪《と》うべし。

（択官篇）

陛下が人材を求めようとするのなら、事細かにその人物の行動を調査する必要があるでしょう。

人の言葉というものは、まったくアテにならない。口では「やる気がある」ようなことを言っておきながら、とても全力を出しているようには見えないことは多々ある。入社するときには、「御社に骨をうずめる覚悟です」などと語っておきながら、半年も経たずに転職してしまう人が後を絶たない。

言葉など、そもそも信用してはならない。

信用していいのは、その人の行動だけだ。

行動はウソをつかない。やる気のある人は、きちんと行動で示してくれる。人の2倍も、3倍も動いてくれることによって、やる気を行動で見せてくれるのだ。だから、上に立つ者は、人の言葉でなく、行動のほうを重視して判断しなければならない。

ニューヨーク州立大学のジュディス・クレットによれば、将来の行動をよりよく予測するのは、過去の行動であるという。クレットによれば、過去の行動を調べれば、その人が将来においてどんな行動をとるのかが、きわめて正確に予測できるというのだ。

たとえば、「私は、今日から禁煙する」と誓っておきながら、過去において何度も禁煙に失敗しているのだとしたら、おそらくその人はそのうちタバコを吸い始めるものだし、過去において浮気したことがある人は、「もう二度と浮気などしない」と言っていても、やはりそのうちに浮気してしまうものである。

その人自身のことを、雄弁に物語るのは過去の行動。

「本気で仕事に取り組みます」とは言うものの、ちょこちょこ遅刻したり、欠勤している人がいるとしたら、その人はやる気などまるでないのである。

「私は、上司を尊敬しています」とは言うものの、上司の指示をすぐに忘れたり、頼んだことをやり忘れたりすることが多いのなら、心の底では、上司のことを尊敬などしていないのだ。だから、行動で反抗を示すのである。

言葉と行動が食い違っている場合、その人のホンネがよく現れるのは行動のほうである。だから、行動をよく観察して判断すれば、その人がどんな人物なのかがよくわかる。

何度も転職をくり返す人は、会社に対する忠誠心がもともとない人である。

「前の会社がブラック企業だった」とか「私の能力を活かせる会社ではなかった」という理由を口にしていたとしても、それはウソである。一度くらいならそういうこともあるかもしれないが、5回も6回も転職しているという事実から判断すると、その人はもともと忠誠心を抱きにくいタイプなのだ。

人を判断するときには、行動を見ればいい。

もちろん、話をよく聞いてあげることも大切なことだとは思うが、その人の行動を観察したほうが、はるかに正しくその人を見抜くことができる。

過去において、酔っ払って失態を演じたことがある人は、その翌日にこそ反省の言葉、謝罪の言葉を述べるかもしれないが、そのうちにまた酔っ払って暴言を吐いたり、人を殴ったりするものである。人間の行動というものは、そんなにすぐに変わるものではないからだ。

過去にその人がどんな行動をとってきたのかを調べれば、かなりの正確さで、その人がどんな人物なのかを言い当てることができる。

受験勉強であれ、スポーツであれ、何かに一生懸命に取り組んだ人は、仕事をするときにも、やはり粘り強く頑張り屋であることが多いし、学生時代にちゃらんぽらんだった人は、社会人になってからも、やはりちゃらんぽらんであることが多いのである。

28

人は自分の能力を過大評価しがちである

自ら知ること誠に易からず。かつ愚暗の人みな能に矜《ほこ》り善に伐《ほこ》る。恐らくは澆競《ぎょうきょう》の風を長ぜん。それをして自ら挙げしむるべからず。

（択官篇）

自分を知ることは容易にはできません。愚かな者どもは、とかく自分の能力を鼻にかけ、過大な自己評価に陥っているものです。おそらくは売り込み競争だけが活発になるでしょう。自己推薦制はおやめになったほうが賢明かと心得ます。

太宗が人材の登用にあたって自己推薦制を導入しようとしたとき、魏徴はすぐに「おやめなさい」と諭している。自分の能力をきちんと把握できている人などいないからだ。

私たちは、自分の能力や技術については、他の人よりも優れていると思い込みやすい。過大な自己評価をしがちである。別にナルシストでなくとも、たいていの人は自分の能力を高く見積もるのである。

カナダにあるヨーク大学のマイケル・ラストマンは、運転免許を持っている男性に「あなたの運転能力はどれくらいだと思いますか？」と尋ねてみたことがある。

すると73％は、自分の運転能力は80点以上だと答えたという。自分の能力を高く見積もっていたのだ。女性の場合、同じように答える人は49％しかいなかった。

男性は、スピードを出して目的地に早く着くことが、〝運転能力が高い〟ことと勘違いしているようだ。スピードを出すと事故を起こす可能性も高くなるから、運転能力が高いとは言えないのに。

また、フロリダ州立大学のジョイス・アーリンガーは、心理学の講義を受講した学生に、「あなたはどれくらい試験ができると思いますか？」と予想をさせてみた。このとき、学生は平均して全体の71％は正解できるだろうと予想した。けれども、実際の試験では49％の問題しか解けていなかった。

また、成績についても予想させてみたのだが、40点満点で評価させたところ、平均的な学生は自分の成績を32点と予想していた。実際には28・5点であったにもかかわらずである。

さらにもうひとつデータをご紹介しよう。

オハイオ大学のマーク・アリックは、26の性格について、自分自身と、平均的な他の人について、それぞれ100点満点で点数をつけてもらった。すると、26の性格のうち、23の性格については平均的な他の人よりも自分に高い点数をつけたのである。自分のほうが、他の人よりも、知的で、信頼でき、丁寧で、協力的で、正直で、洗練されている……などと見積もっていたのだ。

アリックの研究では、わずか三つの点で自分は他の人よりも劣る、と評価していたのだが、その三つとは、攻撃的であること、芸術的であること、音楽的であること、の三つであった。その他の点では、自分は他の人に負けない、と大半の人は考えていたのだ。

私たちの自己評価は、たいてい過剰に見積もられることが多い。

「自分なら、こんな仕事くらいできる」

「私なら、他の人よりうまくできる」

と誤って思い込んでしまうところがあるのだ。

大学でも「AO入試」といった自己推薦制の入試制度を採用すると、非常に多くの学生が応募してくる。自分の能力を客観的に判断できないので、能力の低い学生でも、平気で応募してくるのだ。

人は、自分のことを正しく判断することなどできない。

だから、自己推薦制というのは、あまりよい制度ではない。

もちろん、自分のほうから積極的に新しいプロジェクトを立ち上げたいとか、新商品の開発をしたいというのであれば、そのやる気は買ってもいいのだが、たいていの人の自己評価は歪んでいるということも考えあわせながら、許可を出すべきかどうかを決めよう。

29

身内にこそ厳しくあれ

叔父は国において至親なり。誠に愛惜するなし。ただ、私に縁《よ》りて濫《みだ》りに勲臣と賞を同じくすべからざるをもってなり。

（封建篇）

叔父上は、私ともっとも近い血縁である。お望みとあれば、なんなりと差し上げたい。しかし、そんな個人的理由で、功臣と恩賞を同じくするわけにはまいりますまい。

太宗は、論功行賞において自分の叔父に対してあまり報いなかった。その扱いに憤慨して文句を言ってきた叔父に対し、太宗は「私はリーダーだからこそ、個人的な理由で行動してはいけないのだ」とやんわりと諭している。

肉親だからといって、特別扱いしてはいけない。

子どもも同様である。子どもがかわいいと思わない親などいない。

しかし、子どもだからといって、そのまま親の後を継がせるのは話が違う。身内や親戚だからといって、縁故採用するのも間違いである。子どもだから、甥っ子だからといった理由でエコヒイキしていたら、他の社員は納得できない。

本田技研工業の創業者・本田宗一郎さんは、「自分の子どもは後継ぎにしない」と早いうちに決めていたという。リーダーとして、とても立派な心がけだ。子どもをかわいがることと、後を継がせることは、次元の違う話だからである。後を継がせなくとも、子どもをかわいがることはいくらでもできる。

「でも、子どもにしっかりと実力があるのなら、後を継がせてもよいのでは？」

と考える読者もいらっしゃるであろう。

たしかに、子どもに実力が伴っているのであれば、後を継がせても問題はなさそうだ。

しかし、あくまでも「本当に実力があるのなら」という条件がつく。

そして、たいていの場合、親の子どもを見る目というのは曇っているので、能力不足、実力不足、経験不足であるにもかかわらず、子どもが自分の後を継ぐのにふさわしいと考えてしまいがちなのである。

先ほど、「私たちの自己評価は、たいてい過剰に見積もられる傾向がある」というお話をした。

これは、自分の子どもを評価するときにも当てはまる。

たいていの親は、自分の子どもについても、過剰な推定をしがちなのだ。

マイアミ大学のアンドリュー・ウェンガーは、78名の親を対象に、自分の子どもの性格や技能の推定をしてもらった。すると、86％の親は、自分の子どもは平均以上の好ましい性格を持っている、と考えていたのである。

たいていの親は、自分の子どもが、他の子どもよりも頭がよく、人気者で、運動能力が高い、と思い込んでいる。親が子どもを見る目は、大変に甘いのだ。

自分の能力を正しく判断したいのなら、自分に対して厳しい目を持たなければならない。

「私は、自分に都合のいいように、自分のことを評価しているのではないか？」と厳しく自問自答しないと、自分の能力を正しく判断することはできない。

同じく、子どもや身内を評価するときには、「私の目は曇っているのではないか？」と厳しい目で見ないと、どうしても判断の間違いをおかしてしまう。良いところばかりが目に入ってきて、都合の悪い事実には目を背けてしまうのである。厳しすぎるくらいに厳しい目で判断しないと、なかなか正しい判断はできないであろう。

家族だけでやっていけるような、小さな会社なら特に問題はないのであるが、ある程度、会社の規模が大きくなってきたら、できるだけ異質な人間、自分の嫌いな人間も採用していかなければならない。そうやって組織を活性化していかないと、組織は発展していかないのである。

30

時折、リーダーの入れ替えをするのが望ましい

官人の王に事うる、歳久しきに宜しからず。歳久しければ、分義、情深し。

（太子諸王定分篇）

同一人物が同じ王の下に長く仕えるのは、好ましくない。長く仕えれば、それだけ情が移るからだ。

チームやグループのメンバーは、時折、入れ替えを行ったほうがいい。同じ役職にずっととどまりつづけるのは、グループを停滞させてしまうからである。

リーダーも、できれば交換したほうがよい。

一人のリーダーが、ずっとリーダー役に留まりつづけるのは危険である。

どんなに優れたリーダーでも、ずっと優れたリーダーでありつづけることはできない。加齢に伴って、若いころに比べて体力も落ちるし、アイデアも出せなくなるし、判断も鈍ってくるからである。

できればプロジェクトごとに適当な人物を選び出し、今回はAさんがリーダー、次回はBさんがリーダーというように、リーダーを変えてゆくのが望ましい。プロジェクトの内容によって、ふさわしいリーダーの役割が変わってくるのだから、リーダー自体も変えるのは自然なことである。

米陸軍では、作戦ごとにリーダーを選ぶというやり方がとられているらしいが、こういうやり方が望ましい。一人の人間にずっとリーダーをまかせつづけるのは危険という配慮であろう。

プロジェクトごとにリーダーを変えるのであれば、リーダーでなくなることも決して「降格」ではなくなる。リーダーでなくなることが「降格」ということになると、メンツの問題などもあって、リーダーを変えるのが難しくなってしまう。だから、そうならないようにあらかじめリーダーが変わることを周知しておくことも大切だ。

一人の人物に同じ仕事をまかせつづけると、そのうちに悪さをし始めると太宗は指摘しているのだが、これは正しい。

どんなに立派な人間でも、地位のあるポジションに留まっていると、地位に伴う権限を行使したくなってきて、よからぬことをし始めてしまうのだ。だから、そんなに長くリーダーをつづけてはならないのである。

「地位が人を作る」という言葉があるが、高い地位にいると、人の性格は変わってくる。それまでは清廉で、誠実な人間だったとしても、高い地位になると、性格が変わる。これはだれでもそうなる。怒りっぽくなったり、人に対して不誠実になったり、お金に汚くなったりするのである。

地位が高くなると、自分では性格を変えるつもりなどなくとも、周囲の対応が変わる。自分に対してペコペコしてきたり、お世辞を言ってきたりする人間が増える。そうやって、チヤホヤされているうちに、私たちは自分が偉い人間、素晴らしい人間だと錯覚するようになってしまう。そして、人が変わってゆくのである。

米国インディアナ大学のロナルド・ハンフレイは、同じ人物でも、肩書きが変わるだけで、周囲からの対応がガラリと変わってくることを実験的に確認している。地位が上がると、だれでも好ましい対応をしてもらえるようになるのだ。

リーダーをずっとつづけていると、どうしても周囲がイエスマンばかりになってしまう。

だから、時折、リーダーの役割を変更したり、メンバーの総入れ替えをしたりしなければならないわけである。

同じ人間が10年も、20年も社長をつづけている会社は、たいてい往時の勢いをなくして、ガタガタになっていく。さっさと社長を別のだれかに譲らないと、会社は回っていかない。リーダーは老害に侵される前に、いかに美しく身を引けばいいかをたえず考えていなければならない。

31

部下は厳しく指導する

古来、帝子、深宮に生まれ、その人と成るに及びて、驕逸《きょういつ》ならざるなし。ここをもって傾覆《けいふく》あい踵《つ》ぎ、よく自ら済《す》うこと少なし。われ今、厳に子弟を教え、みな安全なるを得んことを欲す。

（尊敬師傅篇）

古来、帝王の子はみな奥深い宮殿に生まれ、成長するにつれて、わがまま勝手な人間に育っていく。国を危殆《きたい》に陥れ、わが身さえ保てなくなるのは、それが原因だ。私は、わが子の将来を考えて、今から、厳しく教育しておきたいと思う。

「厳しいことを言うと、最近の子たちはみんなすぐ辞めちゃうんですよ」

「こちらが指導しても、ふて腐れた顔をするんですよ」

そう嘆く上司は多い。

しかし、だからといって部下を甘やかしてよいのかというと、それは間違いだ。太宗は、わが子には厳しく教育しなければならないと考えたが、上司であるみなさんも、同じように部下には厳しく指導をしなければならない。

部下の顔色をうかがって、きちんとした指導をしなかったら、どうなるか。

部下はどんどん増長し、余計に手に負えなくなる。

犬やネコのペットに見られる症状に、「エンペラー症候群」というのがある。飼い主があまりにペットを甘やかすものだから、自分が一番偉いと思い込んだペットが、飼い主の言うことをまったく聞かなくなってしまうのが、エンペラー症候群だ。

部下にもペットと同じようなことが起きる。

上司にチヤホヤされすぎた部下は、上司の言うことを聞かなくなる。管理できなくなる。職場の秩序も保てなくなる。だから、厳しく指導しなければならないのだ。厳しいことを言って辞めていくような部下なら、最初からいらない人材だったと割り切らなければならない。

学校教育の分野では、「ゆとり教育」が失敗であったことは、すでにもう明らかになった。子どもの自主性などを認めていたら、教育が成り立たなくなってしまうことなど、現場の教師はみんな知っていたが、偉い役人にはそれがわからなかったのである。ようやく、「ゆとり教育」の見直しが進められているが、これはいいことだ。

職場もそうだ。若い新人や、若い部下の自主性などを重視ばかりしていたら、組織は成り立たなくなる。だから、そういう「ゆとり指導」などをするのはよくない。嫌な仕事でも、強制してやらせることも必要だ。でなければ、人は成長しない。

かつては人の自主性にまかせた指導や教育が優れていると考えられた時代もあったが、今ではそういう自由放任のやり方は誤りであることが判明している。

オーストラリアにあるクイーンズランド大学のロビン・ギリスは、先生が生徒の自主性を重んじて自由に学習させる中学校と、先生が厳しく指導を行い、うんざりするほど宿題を与えて勉強させる中学校を比較しているが、生徒の成績がいいのは当然ながら後者の中学校であった。生徒の「自主性」などを期待していたら、勉強などしないに決まっているのである。

教育の分野だけでなく、ビジネスの分野でも同じである。

カナダにあるケベック大学のマーク・ダソールトは、自由放任リーダーについての研究を行って、そういうリーダーの元では、部下の管理がうまくいかなくなり、職場でのイジメが増える、という事実を突き止めている。

リーダーは厳しすぎるくらいに厳しいリーダーであるほうがいい。

生徒や部下は嫌がるかもしれないが、長い目で見ると、「あの時、厳しくしてもらったおかげで、現在の自分があるんだよな」と感謝してくれる場合のほうが多いのではないかと思う。厳しく指導することによって、実力もスキルアップもできるのだから、結局は部下のためになるのだ。

32

リーダーがリーダーでいられるのは、部下がいるからである

舟はもって人君に比するところ、水はもって黎庶《れいしょ》に比するところなり。水はよく舟を載せ、またよく舟を覆す。

（教戒太子諸王篇）

舟とは君主のようなものだ。そして舟を浮かべる水は、人民のようなものだ。水は舟を浮かべてくれるが、時にはひっくり返したりもする。

社長が社長として偉ぶっていられるのは、社員がいてくれるからである。もし社員が一斉に辞めてしまったとしたら、もはや社長ではいられなくなる。つまり、社長が社長でいられるのは、社員がいてくれているかぎりにおいて、である。

上司もそうで、上司が上司でいられるのは、部下がいてくれるからである。その意味では、上司は「部下によって生かされている」ともいえるわけで、部下がいなかったら、自分も上司ではいられなくなる。

その意味では、社員にも部下にも感謝しなければならないのだが、それを忘れて、社員や部下をまるで奴隷のように扱う社長、上司が絶えない。

なぜ、もっと部下を大切にしてあげないのであろう。

自分は部下がいるからこそ、上司でいられるということを理解すれば、感謝こそすれ、酷い扱いなど決してできないはずなのであるが。

セントラル・ミシガン大学のテリー・ビーアが486名の部下と、その上司162名との関係について調べたところ、部下の職務満足感は、上司との関係によって決まることがわかったという。

どんな仕事をするにしても、部下が上司を好きな場合には、楽しく仕事ができる。

逆に、上司との関係がまずいときには、どんな仕事をしても楽しめないのだ。

部下が仕事を面白いと感じるかどうかは、ひとえに上司にかかっている。上司が部下をサポートしてくれて、勇気づけてくれて、ユーモアで笑わせてくれるのなら、部下は仕事にやりがいを感じるのである。

「部下に、まったくやる気がない」

「部下が、いつでも元気がない」

というのなら、それは１００％上司の責任だ。

上司が部下のことを大切に扱っていれば、部下は元気に、精力的に仕事をしてくれる。もともとやる気がないのではなく、上司が嫌いだから、やる気を出していないだけなのである。上司に好感を持っていれば、部下はその上司のために喜んで仕事に精を出すものだ。

「自分が上司でいられるのも、こいつらがいてくれるからなんだよなあ」と心の中でいつでも手を合わせて感謝しよう。

「仕事はできないけど、愛嬌があって憎めないやつらばかりなんだよなあ」といつでも良いところだけをみてあげよう。

みなさんがそういう気持ちを持っていれば、その気持ちは必ず部下にも伝わる。そして、上司に大切にされていることを感じとった部下たちは、みな一騎当千の仕事ぶりを見せてくれるようになる。

部下は、上司にどう思われているのかをかなり正確に感じ取る。「自分は軽く扱われているな」とか「ものすごく愛情を持たれている」ということが、部下にはちゃんとわかるのである。

だからこそ、いつでも心の中は、部下に対する感謝や愛情でいっぱいにしておかなければならない。

「部下がいてくれて、ありがたい。本当にありがたい」と心の中で唱えるようにするだけで、その気持ちは部下にも確実に伝わる。そうなれば、特別な指導や命令などしなくとも、部下はみなさんのために頑張って働いてくれるはずだ。

33

どんな部下も指導次第で変わる

この木、曲がるといえども、縄を得ればすなわち正し。

（教戒太子諸王篇）

この木は、見てのとおり曲がりくねっているが、こんな木でもきちんと縄墨《じょうぼく》をあてさえすれば、まっすぐな木材になるのだ。

どんな部下も指導次第で、いくらでも伸びる。

人が成長するかどうかは、コーチ、監督の指導次第である。その部下にあった適切な指導法さえ間違えなければ、どんな部下だって優秀な部下になりうる。

野球の世界でいうと、元オリックスの仰木彬監督などは、まさにリーダーのお手本のような人であった。

たとえば、仰木監督が就任するまでは、イチローは一軍で使ってもらえなかった。バッティングのコーチに、「フォームを直すまでは使わない」という判断をされたからだ。

仰木監督は、イチローの独特なフォームをそのまま認め、それを伸ばすようにサポートしたからこそ、イチローの良さを最大限に引き出すことができたのである。

ちなみに仰木監督は近鉄の監督であったときにも、野茂英雄のトルネード投法を矯正したりはしなかった。投手はとにかく三振をとってくれさえすればいいのであって、独特なフォームであろうが何だろうが、そんなことにはこだわらなかったのである。

上司は、部下の長所をそのまま受け入れてあげ、それを伸ばしてあげればよい。

そうすれば、部下はどんどん面白いように伸びていく。

「なんで、こんなに簡単な仕事もできないんだ！」

と怒鳴ってばかりでは、部下は伸びない。部下を伸ばそうというのなら、伸ばせるようなサポートをすることが重要だ。

部下が仕事ができないというのなら、どこでつまづいているのか、どうすればうまくいくのかを具体的に指示すればよい。そうすれば、部下のほうも理解してくれる。怒鳴られているだけでは、部下だってよくわからない。

適切な行動をとるのに役立つ指示のことを、心理学では「プロンプト」という。

上司がうまくプロンプトを与えるようにすれば、どんな人でも仕事を覚えていく。

カナダにあるニューブランズウィック大学のデビッド・スコットは、大学生の棒高跳び選手を対象にして、プロンプトをうまく使いながら記録を伸ばさせるという実験を行ったことがある。

9メートルくらい離れたところに立っているコーチが、ポールから手を離すべきタイミングを見計らって「今だ！」と声をかけるのである。さらに、最高のタイミングよりも手を離すのが遅れると、「ビー！」という音が出る装置もポールにつけておいた。

このようなやり方で、いつポールを離せばよいのかを具体的に指示された選手たちは、みな一様に記録を伸ばすことができたという。

部下にはよくわからないことでも、少し離れたところにいる上司には、問題がよく見えるはず。であれば、どうすればいいのかの具体的な指示（プロンプト）を適切に与えれば、部下のほうも「ああ、なるほど」と理解してくれるであろう。

最初はできるだけ細かく、具体的な指示を出し、少しずつ慣れてきたと思ったら、徐々にプロンプトを取り去っていくのである。こうすれば、そのうちにプロンプトがなくとも適切な行動をとることができるようになる。

部下が伸びるかどうかは、上司の指導にかかっている。

よくわからない指示ばかり出していたら、部下だって混乱して正しい仕事を覚えられなくなるし、細かい点ばかり文句を言われたら、やる気をなくしてしまう。

たとえ部下が仕事ができなくとも、それをすべて部下のせいにするのはかわいそうだ。むしろ、自分の指導力のなさが原因で、部下が仕事をいつまでも覚えられないのではないか、と反省するくらいでなければならない。

第四章

CHAPTER FOUR

俯《ふ》瞰《かん》篇

34

職場を楽しくすることを考えよ

兵を飭《おさ》めて寇《あだ》に備うるは、これ要事なりといえども、然《しか》れども、ただ卿等が心を理道に存し、務めて忠貞を尽くし、百姓をして安楽ならしめんことを欲す。すなわちこれ朕《ちん》の甲仗《こうじょう》なり。

（仁義篇）

たしかに武器庫を充実させて外敵に備えるのは、大切なことだ。けれども、今そなたたちに望みたいのは、武器を充実させるよりも、政治に心を注ぎ、人民の生活向上に意を用いてほしいことである。それが、とりもなおさず、私の武器なのだ。

優良企業の従業員は、たいていみなニコニコとしている。職場が明るく、楽しいから、自然に笑顔もこぼれる。

ところが、業績が悪化している会社の従業員は、そうではない。上司はいつでも苦虫を噛み潰したような、不機嫌そうな顔をしているし、従業員は陰気な顔をしている。

リーダーは、職場を明るく、楽しくする責任がある。

サウスウエスト航空には、「職場を楽しく！」という経営理念がある。だから、従業員はみな楽しく仕事をしているし、リーダーも従業員を楽しませる工夫に余念がない。これがサウスウエスト航空が優良企業でありつづけていられる理由である。

サウスウエスト航空のハーブ・ケレハー最高経営責任者は、会社のイベントにはエルビス・プレスリーの格好をして歌って踊ってみせ、社内のピクニックにはハーレーダビッドソンに乗って登場してみせた。

もっとも有名なのは、サウスウエスト航空が他社との商標登録をめぐる争いをユニークな方法で決着させたことである。なんと相手企業のトップとの腕相撲で決めることにしたのだ。法廷での争いなどはせず、スタジアムを借り切って、3回戦の腕相撲対決という従業員のための一大イベントに変えてしまったのである。従業員が大喜びしたことは言うまでもない（ジェフ・ケラー『夢をつかむ方法』ディスカヴァー・トゥエンティワン）。

リーダーは、いつでも従業員が楽しく仕事ができるようにしなければダメである。

職場を明るく、楽しくすることを考えていたら、会社の利益などあとからいくらでもついてくる。

最近の経営者は、会社の利益が下がってくると、すぐにリストラをしようとする。おそらくは、人員削減することが合理的な方法だと思っているのかもしれないが、これは明らかな間違いである。

リストラなどをすると、職場の雰囲気は暗くなる。いつ自分がクビを切られるのかと思えば、従業員だって仕事に身が入らなくなるし、職場の雰囲気はどんどん陰気になっていく。

米国フロリダ州にあるバリー大学のスーザン・フィッシャーによると、たとえば20人の社員がいる会社で、一人をクビにすると、頭数でいえば、全体の5％の力が減ったことになるだけだが、実際には、職場の雰囲気が悪くなって最大で50％ものパフォーマンスの減少につながってしまうのだそうだ。

フィッシャーによると、リストラには、職場全体の空気を悪くするという、「隠れたコスト」があるのに、多くの経営者はそれに気づいていないと指摘している。

リストラして社員のクビを切りまくれば、彼らに払う人件費は浮くわけで、それだけ会社にとっては利益が出ることになる。けれども、実際にはそんなに単純な計算にはならないのである。

リストラのような形で会社の利益を出そうとするよりは、職場を明るくすることを考えるのがリーダーのやるべきことであろう。

職場を明るくし、従業員たちが笑顔を見せながら働ける職場を作ってあげれば、彼らは一生懸命に働いてくれるだろうし、ちゃんと会社の利益も出るようになるのだ。

35

ケチなリーダーはダメである

林深ければ鳥棲み、水広ければ魚遊ぶ。仁義積もれば物自らこれに帰す。

（仁義篇）

林が深ければ、たくさんの鳥が棲みつき、川幅が広ければ、魚は群れをなして集まってくる。それと同じように、仁義を持って心の通った政治を行えば、人民は自然に慕い寄ってくるものだ。

林が小さければ、そんなにたくさんの鳥は棲みつくことができない。小さな川には、多くの魚は住むことができない。

同じように、人間の器が小さい人のところには、人は寄ってこない。性格がおおらかで、人を受け入れる度量がなければ、人は寄ってこない。

特にダメなのが、ケチなリーダー。

廊下の蛍光灯が、一定間隔で間引きされ、昼間でも薄暗くなっているような会社がある。電気代を節約しようということなのであろうが、どことなくケチくさい。私がその会社の社員なら、ずいぶん社長はしみったれた人間なのだろうなと思って、やる気をなくしてしまいそうだ。

経費というのは、いってみれば実弾。

ビジネスという戦争をしている兵士たちに、実弾なしで戦えというのは、あまりに苛酷である。

タクシーを使わず電車にしなさい、泊まりをやめて出張は日帰りにしなさい、とケチくさいことを言われていると、社員の気持ちがどんどん萎《しぼ》んでいく。たしかに経費削減はできるのかもしれないが、社員の気持ちを萎ませてしまったのでは何にもならないと思うのだ。

ヘンリー・フォードが、当時としては破格の給料を従業員に支払うことでやる気を出させたという話は有名であるし、名うての「人たらし」として知られた豊臣秀吉も、家臣には報酬を惜しまないことで心をつかんだ。

ケチケチしている人は、人の上に立てない。

人間というのは現金なもので、報酬やボーナスをもらえると嬉しいのである。やる気も出てくるのである。

ミシガン大学のエド・ペダリーノは、ある製造・流通会社でユニークな試みをしたことがある。

きちんと決められた時間に出社した従業員には毎日トランプを1枚引かせたのだ。月曜日から金曜日まで、一度も休まずに出社すれば、5枚のカードが手に入る。そして、その5枚のカードでポーカーの役を作らせ、一番良い役のそろった人には20ドルの特別ボーナスを支払ったのである。

従業員は、この試みに大喜びであった。

実験をする前の32週間分の欠勤率は3・01％であったが、ポーカーでボーナスを出すようにしたところ、2・46％にまで欠勤率は下がった。計算としては欠勤率が18・27％も減ったことになる。

リーダーが太っ腹なところを見せれば、従業員も会社を休んだりはしなくなる。

ケチくさいことを言っているから、やる気がなくなって、出社するのも面倒になるのだ。

いらなくなったコピー用紙がもったいないからといって、それを細かく切ってメモ代わりに使いなさいと命令されると、たしかに用紙の節約にはなるのだろうが、従業員のやる気は失われていく。

　交際費もダメ、会議費もダメ、あれもダメこれもダメと口うるさいリーダーには、だれもついてこなくなってしまう。必要なところでは、どんどん経費を使わせてあげないと、やる気を引き出すことはできないのである。

36

実力で評価する

人を用うるにはただ堪否《かんぴ》を問う。あに新故をもって情を異にせんや。（中略）才もし堪《た》えずんば、またあに旧人をもってして先ず用いんや。

（公平篇）

人材の登用にあたって心すべきことは、相手が有能か無能かということであって、新参、古参の違いは問題にならない。（中略）いかに長い付き合いとはいえ、能力の劣る者を、たんに古参だからといって、真っ先に登用することはできぬ。

鉄鋼王と呼ばれたアンドリュー・カーネギーが、まだペンシルベニア鉄道の社員だった頃、上司である西部管区長のトマス・スコットは、あれこれとカーネギーの面倒を見てあげた。のちにスコットが副社長に昇進すると、カーネギーはスコットの役職である西部管区長を23歳の若さで引き継ぐことになる。それだけ、スコットに信頼されていたのだ。

カーネギーは、スコットに恩義を感じていたであろう。

しかし、カーネギーは、情に流されることはしなかった。

後年、スコットが事業で失敗したときには、カーネギーははっきりとスコットと袂《たもと》を分かっている。「あれだけ世話になったんだから、今度は自分が助ける番だ」とは考えなかったのである。カーネギーにとってはつらい決断だったが、それでも個人の感情に流されることはなかったといわれている。

たしかに付き合いが長くなれば、戦友のような感情が芽生えることがある。

しかし、「彼とは付き合いが長いから……」という理由だけで、その人をエコヒイキしたりするのは、リーダーとしては厳として慎まなければならない。

リーダーは、ただ実力だけで人を評価すべきだ。

そこには個人的な感情などを入れてはならない。

リンカーンが大統領に就任したとき、自分に反対している人間をまとめて内閣の要職に任命した。この任命に国民中が驚いたという。

たとえばリンカーンのことを「あいつは道化者のゴリラだ」と公言してはばからないスタントンを陸軍大臣に任命し、「俺のほうがリンカーンなどよりずっと有能だ」と言い触らしていたスワードを国務長官に任命している（ボブ・コンクリン『人間の魅力』創元社）。

リンカーンにとっては、相手が自分を嫌っているかどうかなどは、どうでもよかったのだ。実力がある人間には、実力を発揮できるポストを用意しただけである。しかし、それが自然にできたのは、やはりリンカーンが優れたリーダーだったからであろう。

ちなみにスタントンもスワードも、リンカーンの処遇に感激したのか、その後はリンカーンのために粉骨砕身の働きをしている。

ペンシルバニア州立大学のマイケル・ブラウンによると、リーダーに必要な特質のひとつは〝公平性〟。

役職を与えるときにも、報酬を与えるときにも、リーダーは公平でなければならない。

自分におべっかを使ってくれるとか、ただ付き合いが長いからとか、同じ大学出身であるから、という理由でエコヒイキばかりしていたら、公平なリーダーにはなれないし、そんな人の下で働く人も、バカバカしいと思うであろう。

日本人のリーダーの中には、付き合いの長い人にはどうしても厳しく当たることができない人が多い。相手が傷つくと思えば、厳しい対応をとることができないのである。その意味では、やさしい性格なのだといえるが、リーダーは時として非情にならなければならないこともあるのである。

たとえば、実力制を導入しようとした企業には、部長から下は能力主義で、役員クラスから上は年功序列というのが多かった。これでは能力主義とは言わない。実力主義でも何でもなく、単なる不公平である。社員がやる気を出せないのも当然であった。

「日本には、実力主義が合わない」と述べる人もいるが、そんなことはない。公平な実力主義であれば、だれも文句など言わない。不公平な実力主義だから、うまく機能していないのである。

37

あえて嫌いな人間を採用する

古人の内挙には親《しん》を避けず、外挙には讎《しゅう》を避けざるは、挙ぐることその真賢を得るがための故なり。ただよく挙用して才を得れば、これ子弟及び讎嫌《しゅうけん》有るものといえども、挙げざるを得ず。

（公平篇）

古人も、本当に有能な人材であれば、親族でもかまわぬ、仇敵でもためらってはならぬ、どしどし推薦すべきだと語っている。そちらも、見所があるのなら、親族であろうが、嫌いな人間であろうが、遠慮なく推薦してほしい。

ホンダの創業者である本田宗一郎さんは、あえて自分が嫌いだと思う人間を採用してみることを勧めている。自分の好きな人間を集めても、組織は良くならない。似たような人間が集まっても、似たような意見しか出せない。だから、自分にとって肌の合わない人間、虫の好かない人間を、どんどん採用すべきだと考えた。

太宗もそうで、見所があるのなら嫌いなヤツでも推薦してほしいと述べているが、嫌いな人間でも受け入れるだけの度量の広さを、リーダーは持たなければダメなのではないかと思う。

心理学的に見ても、同じような人の集まりよりは、むしろ異分子というか、異質な人間を取り入れたほうが組織は良くなることが明らかにされている。

イエール大学のシーガル・バーセイドは、62の企業のCEOと239名のトップマネージャーについての調査から、異質なメンバーから構成されるチームほど、良い成果を上げることを確認している。

バーセイドによれば、異質なメンバーが集まると、チームはより熱狂的になり、エネルギッシュになり、集中力も高まり、決断力もアップするという。まさにいいことづくめなのだそうだ。

同じようなメンバーが集まっても、チームは活性化しない。

だから、なるべく自分とは違う人間を集めるようにリーダーは意識したほうがいいのである。

たしかに、自分と考え方の似ている人間を周囲に置いておいたほうが、リーダーとしてはラクであるし、気分はいいかもしれない。反対もされることはないので、耳に痛いことを聞かなくてすむ。しかし、そんな組織は決して良くはならない。なぜなら、今よりも改善していこうという雰囲気が生まれないからだ。

歴史家のＡ・トインビーの説によると、文明の発達とか、進歩というものは、異質な文明がぶつかり合ったときに起きるものらしい。

それぞれに違う価値観を持った異質な文明が、お互いに挑戦と衝突をくり返すことで文化は進歩していくというのである。逆に言うと、異質な文明の衝突がなければ、文化というものは停滞する。

この考え方は、組織や会社にも当てはまるのではないかと思う。

組織を活性化し、進歩させたいのであれば、あえて異質なメンバーをどしどし採用していかなければならない。そうしないと、組織は停滞、いや衰退していく。

自分と同じ価値観を持った人間ばかりを集めた会社は、強くなれるのか。

決してそんなことはありえない。

同じような考え方をする人間は、何人もいらない。むしろ、自分とはまったく違う価値観を持った人間、「こいつとは、どうも肌が合わない」と感じられるような人間を採用していかないと、同じようなビジネスをくり返すだけになる。そして、同じようなことをしていたら、世の中の変化についていくことはできない。

自分とは違う価値観を持った人間も認めよう。異質な人間でさえ、喜んで受け入れるくらいの人間でなければ、とてもリーダーは務まらない。

38

占いや呪いに振り回されない

神仙の事は、もとこれ虚妄にして、空しくその名のみ有り。

（慎所好篇）

神仙（不老長寿の術）などというものは、もともとデタラメな作り事で、この世に実在したものではない。

将来のことなど、だれにもはっきりとは予想できないから、不安になるのはわかる。しかし、リーダーは、占いやら呪《まじな》いの類に頼ってはいけない。占いや呪いは、まったくのデタラメだからである。

人は不安になると、何かにすがりつきたくなるものらしい。

自分では判断、決定ができず、怪しげなものに頼ってしまいがちになる。

米国マーシャル大学のヴァーノン・パジェットは、１９１８年から１９４０年のドイツ国内の混乱を調べる一方で、星占い、神秘主義、カルトをキーワードにして論文数、雑誌の記事数を調べてみた。

すると、社会の混乱が広がり始める時期に歩調を合わせるようにして、星占いなどの人気が高まることがわかったという。もっとも人気が高くなったのは、第二次世界大戦勃発の頃であった。

また、失業、賃金、産業生産などの経済指標は、星占いによって予測できることも明らかになった。社会の不安が高くなるほど、星占いは人気が出るのである。

もちろん、占いなど、まったくのインチキ、デタラメである。

そんなものに頼って経営判断などしてはいけないに決まっている。

にもかかわらず、不安に駆られた経営者は、占い師のアドバイスに耳を貸しやすくなるものらしい。自分で判断せず、占い師に丸投げしてしまうわけだ。

怪しげな呪いに手を出したり、怪しい宗教に走って、商売がうまくいくという触れ込みの高額なパワーストーンなどを購入したりする経営者もいる。

自分の力を信じられないなら、経営者になってはいけない。自分で決定できないのなら、さっさとリーダーから降りるべきだ。そして、自分で判断できる人間に自分の後をまかせるのである。占い師に頼らなければ判断できないのなら、現場で働く社員にでも判断をまかせたほうが、ずっとよい。

アメリカ大統領ロナルド・レーガンと、その妻ナンシーは、そろいもそろって占い好きだった。ジョーン・キグレーという女占い師を雇って、公務の日程を相談していた。その結果、レーガン大統領の講演日程や、大統領専用機の離着陸時間は、すべて予言によって決められていたという。

こういう事例はあるにはあるのだが、基本的にリーダーは占いなどに手を出してはいけない。レーガン大統領の事例は、あくまでも例外である。

そういえば、講談社の新館は、玄関が正面でなく、建物の横についている。新館を建てるときの重役が占いに熱心で、玄関の方角を決めたのだ。おかしなことをしたものだが、果たして本当に効果はあったのだろうか。

最後にひとつだけアドバイスしておく。

もし占いをするときには、「自分を勇気づけるため」に利用しよう。つまり、一番いいことが書いてある占いを信じればいいのだ。悪いことが書いてある占いは全部無視して、一番いいものだけを採用するのである。

お正月におみくじを引くときにも、1回しか引けないという決まりはないのだから、大吉が出るまでおみくじを引きまくって、大吉のおみくじに書かれたことを信用すればいい。占いは、あくまでも自分が勇気を持つための援護射撃のために使うのが一番である。

39

何気ない一言が人を傷つける

言語は君子の枢機《すうき》なり。談、なんぞ容易ならん。およそ衆庶に在りても、一言、善からざれば、すなわち人これを記し、その恥累《ちるい》を成す。

（慎言語篇）

言葉というのは君主にとってこの上なく重要だ。人と語るのは、本当に難しい。一般の庶民の間でも、人と話すとき、一言でも相手の気にさわるようなことを口にすれば、相手はそれを覚えていて、いつか必ず仕返しをしてくるものだ。

リーダーは口のきき方に慎重でなければならない。

「ありがとう」の一言で、部下のやる気を引き出すこともあれば、何気ないコメントが部下を傷つけることもあるからである。

1回や2回であれば、たいして気にならない言葉でも、それが継続することによって人に精神的ダメージを与えることを、カウンセラーは「マイクロトラウマ」と呼んでいる。何気ない一言が積もり積もって、部下を傷つけることもあるので、言葉の使い方には、慎重な上にも慎重でありたいものだ。

最近、私は「あ〜、はいはい」という言葉を聞くと、ものすごく腹が立つことに気づいた。昔は、そんなことはなかったと思う。あるときから、この言葉で腹が立つようになったのだ。マイクロトラウマが積もり積もって、私の臨界点を超えたのであろう。

雑誌の取材や打ち合わせで、私がしゃべっているときに、「あ〜、はいはい」と相手に言われると、私はものすごく不機嫌になる。相手にはまったく悪気がないのかもしれないが、私はなんだか自分がバカにされたように感じてしまうのだ。

言葉の使い方というのは、本当に難しい。

「やればできるじゃん」

と部下に声をかけたとしよう。もちろん、上司はホメたつもりだ。

しかし、部下はどこか引っかかりを覚えたとする。その後も、部下が一生懸命に働くたび、

「やればできるんだね」と声をかけ続けたとしよう。すると、そのうちに部下の心の中には怒りが芽生え、上司に対して復讐の念が強まってくる。

自分ではホメた「つもり」でも、相手がそう受け取ってくれるかどうかはわからない。ホメた「つもり」でも、部下には皮肉と受け取られることもある。

だから、部下に言葉をかけるときには、すぐに口から言葉を出すのではなく、「この言葉で本当に間違いなく伝わるのか?」と考えてから口から出すようにしなければならない。

特に、リーダーに注意していただきたいのは、仕事が忙しいとき。

私たちは、仕事に追いまくられているときには、自分でも気づかないうちに〝トゲのある言葉〟を使ってしまうことが多い。チクチクと相手の心にいつまでも刺さるような一言を、つい口にしてしまう傾向があるのである。

ペンシルバニア大学のレナ・レペッティは、航空管制官の職員と、その妻を対象にした調査から、非常に仕事が忙しい日には、職員たちは知らぬ間に怒りっぽくなって、妻にトゲのある言葉をぶつける傾向があったことを確認している。

仕事が忙しいと、人はどうしてもイライラする。

こんなときは、表情も険しくなるし、言い方もきつくなる。だから、部下に声をかけるときには普段以上に慎重でなければならない。

そんなに仕事が忙しくないときには、部下に相談を持ちかけられると快くアドバイスできる上司でも、自分が仕事で手一杯のときには、つい皮肉の言葉が出てしまうことはよくある。「俺も忙しいんだから、自分で判断してやってよ。子どもじゃないんだからさ」と、つい不用意な言葉を口から出して、部下をイラッとさせてしまうのだ。

1回や2回なら、部下も水に流してくれるかもしれないが、それが積もり積もれば臨界点を超える。そうさせないためにも、不用意な発言は慎むのが賢明だ。

40

できる人間に、どんどん仕事を兼務させせよ

人の思慮は限有り。一人、数職を総知すべからず。

（杜讒邪篇）

人間の能力には限度があります。一人でいくつもの要職を兼務すべきではないと思うのです。

これは監院（百官の監察を司る役所）長官の陳師合《ちんしごう》の言葉である。

しかし、太宗はこの意見には「反対」している。できる人間には、逆に、たくさんの仕事を兼職させたほうがいいというのだ。

できる人間に、たくさんの仕事を兼務してもらえれば、それだけ人員を増やさずにすむ。むやみに人員を増やそうとすると、彼らに支払う給料も増えていく。それにまた、人が増えてくると、どうしても手抜きをする人が出てくる。

「自分がやらなくとも、他のだれかがやってくれるさ」と〝タダ乗り〟をする人が増えてくるので、結局は、人員を増やしても仕事の生産性が上がるわけではないのだ。

心理学では、〝リンゲルマン効果〟として知られている有名な法則がある。

これは、20世紀初頭のフランスの農学者マクシミリアン・リンゲルマンにちなんだ用語で、リンゲルマンは、綱引きや荷車を引くなどの課題を与えて、どれくらい人が力を出すのかを調べてみたのである。

リンゲルマンが調べたところ、一人きりで全力を出したときの力を１００％とした場合、二人になると93％、三人では85％、四人では77％、五人では70％、六人では63％、七人では56％、八人では49％しか出さなかったという。八人も集まると、一人きりのときに比べて半分しか力を出さなくなった計算だ。

リンゲルマンは、集団の数が増えるほど、人は力を出さなくなることを明らかにした。これがリンゲルマン効果だ。

人を増やさず、少数の人間に仕事を兼務してもらったら、どうなるか。

当然、それぞれの人は全力を出す。なにしろ、他に仕事をまかせる人が自分以外にいないのだから。手を抜きたくとも、抜けなくなるのだ。

エステー株式会社会長の鈴木喬さんも、同じようなことをご自身の本の中で書いている(『社長は少しバカがいい』WAVE出版)。鈴木さんが社長を引き受けたとき、少数精鋭でやっていくことを決めたのだそうである。

人が多くなれば、手を抜く人も増える。

人を限界まで絞り込めば、だれも手を抜かなくなる。

そういうことを鈴木さんは感覚的に感じ取ったのかもしれない。鈴木さん自身、社長でありながら、営業もやったり、商品開発もやったりと、いくつもの役職を兼務しながら仕事をしていたそうである。

「社長、もっと人員を増やしてください」とお願いされても、すぐに首をタテに振ったりしてはいけない。一人の人間が、二人分の仕事をすればいいと答えよう。もちろん、給料は二人分払うと言えば、社員も不満は募らない。

人を増やせば、仕事量、生産量も増えるのかというと、そんなことはまったくない。

英国の歴史学者・政治学者のパーキンソンは、役人の数というものは、仕事の量とは無関係に増え続けると指摘した。これを「パーキンソンの法則」という。パーキンソンの法則は、役人の数について語ったものだが、会社の人員も同じだ。

人ばかり増えて、生産性が変わらないのでは何の意味もないことをリーダーはマジメに考えなければならない。

41

自分の利益より、社員の利益を考えるのがリーダー

その身を陥るるは、みな財利を貪冒《たんぼう》するがためなり。

（貪鄙篇）

わが身を不幸に陥れるのは、利益を貪ろうとするからだ。

リーダーは、愛他性を持ち合わせていなければならない。愛他性というのは、自分がソンをして、他の人にトクをさせてあげることだ。

ただ単にリーダーであるからとか、役員であるから、という理由で高い報酬を受け取るようなことがあってはならない。リーダーは、会社の業績をあげたときのみ、チームに成果があったときのみ、高い報酬を受けるべきである。

任務を引き受けただけで高い報酬が得られてしまうのでは、リーダーの仕事はおいしすぎるではないか。

スティーブ・ジョブズがアップルに復帰するにあたって提示された条件は、現金で3億7750ドル、株式150万株であったが、ジョブズはこれを断って、「私の年棒は1ドルでいいよ」と答えたそうである。リーダーとして、立派な態度だ。

自分の利益ばかり考えてはダメなのだ。むしろ他の人の利益を考えてあげるのがリーダーである。

英国ケント大学のチャーリー・ハーディは、66名の高校生に三人のグループを作らせ、100ペンスを三人で分け合う、という実験をしたことがある。

その際、ハーディは自分に多く利益を配分するか、他のメンバーに利益を多く配分するのかを調べてみたのだが、「もっとも他人に多く配分していた人物」の82%が、その後のグループ課題ではリーダーとして選出されたそうである。

自分がソンをするほど、他の人からは「あの人は立派な人だ」と認知され、リーダーとして選ばれやすいことが実験的に確認されたわけである。

世の中には、自分ばかりがトクをしようと考えるリーダーが多すぎる。

だから、社員も部下もやる気が出ないのだ。

自分の貢献に報いてくれそうもない上司、会社に対して、自分の人生の１００％どころか50％も売り渡すことに何のメリットがあるのか、と普通の社員なら考えるに決まっている。リーダーばかりトクをしていたら、社員が腐るのも当然だ。

くり返しになるが、リーダーが高い報酬を受けていいのは、それなりの成果をあげたときだけ、である。

もちろん、社員に対しては大いに利益を与えなければならない。

リーダーは、成果をあげられなければ報酬を受けられないが、社員は、頑張ったということだけで報酬を受けられるようにしよう。そうしないと、やる気を出してくれないからである。

パトリック・マッケナと、デビッド・マイスターの書いた『初めてリーダーとなる人のコーチング』（日経ＢＰ社）という本には、ある企業の面白い事例が載せられている。

この会社では、年間目標にわずかに届かなかったが、役員たちは社員が頑張ってくれたことに対して何らかのねぎらいをしたいと考えた。そこで「ハーフパイント・パーティ」を開いたそうである。

このパーティは、わずかに目標に足りなかったとはいえ、精一杯頑張ってくれたことに対する感謝のパーティで、社員は好きなだけビールを飲むことができた。ただし、一回にグラス半分しか注いでもらえないという趣向である（そのため「ハーフパイント」）。まことに粋な計らいだ。

リーダーは、自分には厳しく、部下にはやさしく、が基本。

社員の苦労には最大限報いてあげて、そのぶん、自分は喜んでソンができるような人間でなければ、リーダーの資格がない。

42

やる気のないヤツは、最初からチームに入れるな

政《まつりごと》をなすの要は、ただ人を得るに在り。用うることその才にあらざれば、必ず治を致し難し。

（崇儒学篇）

政治の要諦は、なによりもまず人材を得ることだ。能力のない人間を登用すれば、必ず政治に混乱が起きる。

やる気のないメンバーは、そもそも会社に入れてはいけない。メンバーに入れてもいけない。なぜかというと、グループの雰囲気が悪くなるからである。職場に悪い空気が充満してしまうからである。

「まったく安月給でこき使ってくれるよ」

「うちの会社ってブラックだよな」

「女性社員がブサイクばっかりで、やる気も出ないよ」

こんなことばかり口にするメンバーは、即刻たき出したほうがいい。こういう人間が一人でもいると、その悪い空気は他のメンバーにも次々と感染してしまう。

やる気のないヤツ、不満ばかりのヤツというのは、いってみればグループの〝ガン〟。こういう人間は、周囲を巻き込みながら、自分の勢力を増やそうとする。その点も、病気のガンと非常によく似ている。

困ったことに、人間というのは、一緒にいる人間のムードの影響を受けてしまうのだ。

これを心理的感染効果という。

テキサス大学のトーマス・ジョイナーは、大学の学生寮に入ったばかりのルームメイトの一人の抑うつ度合いを調べ、5週間後に他のルームメイトについても調べてみた。すると、片方が抑うつ的だと、もう片方のルームメイトも次第に抑うつ的になってしまうことが判明した。感染が起きてしまったのである。

やる気のないメンバーは、負のオーラを振りまいて、周囲の人間も自分と同じようにしてしまう。だから、ものすごく危険な存在だといえる。

飲み会をしていてもそうで、陰気な人が一人でもいると、飲み会のムードがものすごく悪くなる。せっかくみんなで盛り上がろうとしているのに、水を差すようなことばかり口にするので、他のメンバーが辟易するのだ。だいたい、そういう人はそのうち飲みに誘われなくなるものだが。

では、すでにそういうガンのような社員がいる場合にはどうしたらいいのか。

早々に取り除きたいのはやまやまだが、法律的にクビにするのが難しい場合には、どうしたらいいのか。

こんなときこそ、リーダーの出番である。

実は、感染能力でいうと、ただのメンバーの感染能力よりも、リーダーの感染能力のほうが強烈であることがすでに研究で明らかにされている。

したがって、リーダーが、闊達に、快活に、楽しそうに、陽気に、明るく振る舞うように意識すれば、他のメンバーもそれに感化され、職場のムードは次第に良くなっていくのだ。

カリフォルニア州立大学のトーマス・サイは、三人から五人のチームで、テントを組み立てる作業をさせてみた。グループでテントを組み立てる場面をビデオに録画して、後に分析してみたのである。

サイは、ランダムにリーダーを選び出して作業をさせたのだが、リーダーが明るい人間だと、他のメンバーも楽しくおしゃべりしながらテントを組み立てていた。ところが、あまりしゃべらず、陰気なリーダーのグループでは、他のメンバーたちもつまらなそうな表情で、黙々とテントを組み立てるだけだったという。

リーダーが楽しい気分だと、メンバーにもそれが感染し、お互いに協力し合ったり、努力する行動が増える。リーダーには強烈な感染能力があるのだ。

会社全体に、重苦しい雰囲気が漂っている企業がある。当然、そういう企業は業績がどんどん悪化する。

しかし、トップが変わると、いきなり職場の雰囲気が変わる、ということはよくある。業績が低迷している日産に、カルロス・ゴーン社長がやってきたときなどが、まさにそれであった。リーダーが自信を持って、希望を持っていれば、それが社員にも感染し、自信を持って仕事に取り組んでくれるのである。

やる気のないヤツは最初から会社に入れないほうがいいが、もしやる気のないヤツばかりだったとしても、諦めてはいけない。リーダーのムードに、他のメンバーは引っ張られるのだから、リーダーが職場の空気を変えるように頑張ればいいのである。

43

一点に力を集めよ

君多欲なればすなわち人苦しむ。朕が情を抑え欲を損し、己に剋《か》ち自ら励む所以なるのみ。

（務農篇）

君主があれもこれもと欲張った政治を行えば、人民の苦しみはいや増すであろう。わたしは、今後、政治に臨むにあたって、できるだけおのれの欲望を抑えて、無為の政治に努めたいと思う。

リーダーはすべての力を、一点に注ぎ込まなければならない。いろいろなところに力を分散していたら、個々の力は弱々しいものになってしまうからである。

すべての力を集中的に注ぎ込むからこそ、その業界のトップになれるのであって、「あれもやろう、これもやろう」と手を広げていたら、結局は、すべての局面で負ける。

1990年代のアメリカで最高の経営者と呼ばれたジャック・ウェルチは、「業界のナンバーワンかナンバーツーになれそうもない事業からは、すべて撤退する」という判断で、GEを立て直し、世界的企業へ成長させた。

自社にとって強みのある事業でだけ勝負していれば、ナンバーワンになるのはたやすい。余計な事業にまで力を入れているから会社はガタガタしてくるのだ、とウェルチは考えたわけである。

リーダーは、持てる力をすべてどこに注ぎ込むのかを決めなければならない。その判断は、リーダーにしかできないことだからだ。

戦争から導き出された戦略に、ランチェスター理論というのがある。フレデリック・ランチェスターという人物によって提案された理論なのだが、この理論は、コロンビア大学のクープマン教授（数学）らのチームによって、さらに洗練された数理モデルとなっている。

戦闘を行うとき、兵力を分散すると、結局は、各個撃破されて全滅してしまう。だから、できるだけ一点に兵力を集中しなければならない。兵力を一点に集中させれば、全体の兵力が相手より劣っていても、その場の局面では勝ちを収めることができる。これがランチェスター理論でいう、一点集中主義の徹底である。

この考え方は、組織の経営にも当てはまる。

他の会社にはこれだけは負けないというところでだけ勝負し、余計なところには兵力を回さないようにするのだ。事業を手広く展開するのではなく、狭い範囲でだけ勝負するのである。こうすれば、どこにも負けない会社ができあがる。

スターバックスの強みは何か。

当然、コーヒーである。

だから、スターバックスでは、サンドイッチを作ったり、ハンバーガーやホットドッグを作ったりはしないのだ。ちょっとしたフードは出しているが、基本はコーヒー一本槍。この戦略で世界を席巻した。

ちなみに、スターバックスでも最初から一点集中主義をしていたわけではなく、最初は失敗から学んだそうである。

スターバックス・インターナショナル元社長のハワード・ビーハーとジャネット・ゴールドシュタインの書いた『スターバックスを世界一にするために守り続けてきた大切な原則』（日本経済新聞出版社）によると、スターバックスでも最初は店舗で手作りサンドイッチを出していたらしい。

けれども、作るのに手間がかかりすぎてレジが混み合い、ゆったりした雰囲気を演出できないことに気づいて、フードに二度と手を出さないと決めて事業を撤退したのだそうである。

リーダーは、あれもやりたい、これもやりたいと、いろいろな欲望を持つものであるが、それを実行するのは危険である。手広く事業を展開したいという気持ちはわかるのだが、それはやめたほうがいい。得意なところだけで勝負しよう。

44

叱るときには30秒以内と決めておけ

なお恐る、主獄の司の、利、人を殺し人を危うくして自ら達し、もって声価を釣るに在らんことを。

（刑法篇）

司法官というのは、人の罪を暴くことによって栄達もし、声望もあがるものだ。だから、法の執行がとかく苛酷なものになりはしないかと心配だ。

リーダーは、会社のルールや約束ごとをしっかりと部下に叩き込んで教えるのが仕事だ。それが役割として求められている。

部下を指導することが上司の手柄になるわけだから、上司はついつい熱くなりすぎてしまうことも少なくない。怒鳴り声をあげてしまうこともあるだろう。

けれども、相手のメンツを潰したり、恥をかかせるようなやり方でやるのは望ましくない。仮に叱ることが必要であっても、「やりすぎ」にならないように注意する必要がある。なぜなら、人を叱るときによく起きるのが、「叱りすぎ」だからである。

かつてインドネシアで働く日本人駐在員が、暗闇で現地人のグループに襲われるという事件があった。

ところが犯人をつかまえてみると、なんと駐在員の部下たち。部下たちは人前で叱責されたことを逆恨みしたのだ。インドネシア人はプライドが高く、人前で恥をかかされることを何よりも嫌う、ということを知らなかったのであろう。

ここではリーダーとして覚えておきたい叱り方のコツを二つばかりご紹介していこう。

一つ目は、叱るときには30秒以内という原則である。これは絶対に守ってほしい。

私たちは、最初は理性的であっても、叱っているうちに、次第にムカムカしてくる。最初は落ち着いて説明するつもりだったのに、なぜかイライラしてきて、最後は怒鳴るようになってしまうのだ。これを心理学では「怒りのエスカレーション」という。

これを予防するためには、最初から30秒以内と決めておくしかない。30秒が経過したら、とにかくいったん叱るのをやめるのだ。

30秒以内で叱るためには、教えることはせいぜい一つになる。三つも四つも教えたところで、どうせ理解できるわけがないのだから、叱るだけムダである。叱られる側にとっても、一つだけ叱られるのなら、頭に残りやすい。

他にいろいろ言いたいことがあっても、それはまた別の機会にすればよい。本当に叱りたいことを、一つだけ、それも30秒以内に叱るのであれば、おそらくは部下も恨みに思ったりしないであろう。

ちなみに、「叱るのは原則30秒以内」というのは、『1分間マネジャー』（ケン・ブランチャード、スペンサー・ジョンソン著　ダイヤモンド社）という古典的名著にも書かれているアドバイスである。

叱るときのもう一つのコツは、「いけない」ということではなく、「より良いものを教えてあげる」ということだ。大切なのは、叱ることではなく、指導すること、教育することである。ダメ出しをするのではなく、何をどうすればいいのかを具体的に教えてあげるということが重要なのである。

「お前は仕事が遅すぎる」ではなく、「どの手順を省いたら早くなるのかを考えてごらん」というように指導しよう。悪い点をいくら指摘されたところで、部下にはどうすれば改善できるのかがよくわからない。具体的に、「こうしてみろ」と言われたほうが、はっきりと理解できるものである。

最後にもう一つ、部下を叱ってもいいが、その2倍も、3倍もホメてやることが重要だということも述べておこう。

部下がミスをしたときには、さんざんなじるくせに、では素晴らしいことをしたときにホメてもらえるのかというと、そんなこともない。こんなことがくり返されたら、部下の士気だってあがるわけがないのだ。

45

指示説明はできるだけ簡潔に

国家の法令は、ただすべからく簡約なるべし。

国の法令は単純明快であるべきだ。

（赦令篇）

私たちは、自分が話すことはそのまま相手に伝わるものだと考えている。

しかし、決してそんなことはない。重要なポイントが抜けたまま伝わったり、あるいは細部が誤解されて伝わるのは、よくあることである。

みなさんが相手にある指示を出して、その内容の何パーセントくらいが正しく相手に伝わると思うだろうか。

おそらくは１００％間違いなく伝わると思うであろう。よほどのおバカさんでなければ、自分の説明はそのまま理解してもらえると思うであろう。けれども、きちんと検証した実験結果によると、80％ほどしか正しく伝わらないのである。

ニューヨーク大学のジャスティン・クルーガーは、学生たちに好きな食べ物や車、好きなスポーツといった10のテーマで好きなように話をさせた。

そして、話し手に対して、「受け手はどれくらい理解できたと思いますか？」と推測させてみたのである。すると送り手は、自分の話の97％は正しく理解されたであろうと予想した。ところが受け手にどれくらい内容を正しく理解できたのかと尋ねてみると、84％しか伝わっていなかったのである。

話し手は、自分の話が相手に伝わることを過剰に推定してしまう傾向がある。

実際には、そんなことはとても期待できないわけで、むしろ自分の話の20％から30％くらいはどこかに抜け落ちていたり、間違って伝わっていると考えたほうがいい。

指示を出すとき、〝正しく伝わらないのが普通〟だということを知っていれば、できるだけシンプルな指示を出そう、と意識するであろう。

たくさんの指示を出しても部下には伝わらないであろうから、余計なことは含めずに、できるだけ単純な指示を出そうとするであろう。

しかも、どれだけ簡単な指示でも、やはり相手は理解してくれないであろうから、1回だけで説明をすませるのではなく、何回か確認しなければならないな、と注意するようになるであろう。

「もう一度くり返すと……」

「念のため、もう一回くり返すと……」

「くどいと思われるかもしれないけど、僕は心配性だから、正しく伝わっているかどうか不安なんだ。だから最後にもう一回だけくり返すと……」

これくらい伝えないと、正しくは伝わらない。

ただくり返すだけでなく、相手にも自分がした指示を復唱させるのもいいアイデアだ。こうやって確認をとっておかないと、こちらの言いたいことが正しく伝わらないことはよくあるものである。

また、「基本的に説明は伝わらない」ものだと思っていることには、さらなるおまけがついてくる。

それは、相手がこちらの説明を理解してくれなくても、そんなにイライラさせられずにすむ、ということだ。

人間は説明を理解するのが難しいということをあらかじめ認識しておけば、「お前は何度、同じことを言わせるんだよ！」などと理不尽な怒りをぶつけずにすむ。伝わらないのが当たり前なのだから、理解してくれない部下が悪いのではないと思えるので、腹も立たないのである。

できるだけわかりやすい指示を出すようにすれば、部下もみなさんが言いたいことは理解してくれるだろうし、「やさしい上司だな」と感謝してくれるというおまけもある。わかりやすい指示を出すことには、たくさんのメリットがあるのである。

46

パワープレイは、やむを得ないときにのみ使う

兵は凶器なり。已むを得ずしてこれを用う。

兵は凶器である。本当にやむを得ざる時に用いるものだ。

（征伐篇）

相手を睨みつけたり、机をバンバン叩いたり、相手の肩を突き飛ばしたり、大きな声を張り上げたりして、相手を委縮させるテクニックを、〝パワープレイ〟という。

ハーバード大学のドナ・カーニーによると、人は会社内での地位が上がってくると、こうしたパワープレイを多用するようになるらしい。

パワープレイを使えば、部下は言うことを聞いてくれるかもしれない。

けれども、それはただ怖いから従っているのであって、喜んで従っているのではない。嫌々ながら、しぶしぶ従っているだけである。心の中では、憎悪が煮えくり返っているはずだ。

パワープレイを使うな、とは言わない。

パワープレイは、部下を管理するうえで重要なテクニックであるとは、私も思う。

しかし、パワープレイはあくまでもやむを得ないときに使う非常手段、最終手段としてとっておきたい。できれば使わずにすませたほうがいい。

人命にかかわることや、重大な事故につながるようなことを注意するときには、本気で怒らないとその危険性をわかってもらえない。こんなときには、パワープレイを使って、恐怖を感じさせながら指導を行う必要があるかもしれない。

けれども、ほんの些細なことを注意するときなのであれば、わざわざパワープレイを使う必要はない。伝家の宝刀は、本当に必要なときに抜くからこそ、効果があるのである。いつでもパワープレイを使っていたら、ただ口うるさくて、怖いだけの上司になってしまう。

日常的にパワープレイを使っていいのは、それを部下たちも認めてくれているときだけだ。鬼監督、鬼コーチの存在が許されるのは、それを選手たちも納得して指導を受けているときだけなのである。

伝説的なイングランドのサッカー監督ブライアン・クラフは、とにかく厳しく、怒鳴りまくるコーチング・スタイルでよく知られていた。いつでも高圧的な態度を崩さず、選手たちを罵倒し尽した。

けれども、ピッチ上の選手は、イングランドリーグでもっとも勤勉で、団結したチームになり、ヨーロッパカップで2年連続のタイトルを獲得したほどである。

このことに興味を持った心理学者が調べたところ、チーム全体が、コーチの専制的、独裁的なスタイルを納得している場合には、それが許されることがわかったという。

甲子園常連校のような伝統高校において、選手たちが厳しく指導されることを望んでいるのなら、監督が厳しいのもそれなりに許されるのかもしれない。

相撲部屋や、プロレスの団体でも、力士や選手たちから厳しさが望まれているのなら、やはり問題はないであろう。

しかし、普通のオフィスでそれを納得して受け入れてくれる社員がどれほどいるのだろう。どう考えても、そんなに多いとは思えない。

役職が上がってくると、私たちは自分の力を見せつけたいと思うのか、それとも部下を奴隷のように扱うことで快感を得たいと思うのか、その理由はわからないが、自然に威張った態度をとりがちになる。パワープレイを多用するようになる。

けれども、部下のほうでそれを認めてくれなければ、威張れば威張るほど、力を誇示すればするほど、部下の心は離れていく。本当にやむを得ないとき以外には、基本的に上司づらをして威張ることのないようにしたい。

47

上司は、部下からよく「見られている」ものと思え

陛下もしもって足れりとなさば、今日、ただ足るのみならず。もしもって足らずとなさば、これに万倍すとも、また足らざらん。

（行幸篇）

陛下がもし足ることを知って奢侈《しゃし》を戒めれば、子孫もまたそれを見習いましょう。もし足ることを忘れて奢侈に走るようなことがあれば、今日に万倍する贅沢をしても、飽き足らなくなりますぞ。

リーダーの行動は、社員に伝播する。社員は、驚くほど自分のリーダーをよく観察しているものである。

部下が、上司のことをよく観察するのは、自分の行動指針とするためだ。

部下は、上司の行動を真似して行動する。その振る舞いが、職場ではＯＫだと思うからである。自分の行動の参考とするために、上司のことをよく観察するのだ。

だからこそ、上司はたえず自分の行動が「見られている」という意識を持たなければならない。

たとえば、上司がオフィスの機器を乱暴に扱っていたら、部下もそれを真似するようになるだろう。工場内に、上司が平気な顔でタバコの吸い殻を捨てているのを見たら、部下もそのうちタバコのポイ捨てを始めるだろう。会社のお金で、飲み食いしているのを見たら、やはり部下もそうするであろう。

「なるほど、こういうことをしてもＯＫなんだな」

「ふ〜ん、こんなことをしても、うちの会社はいいんだ」

と部下は理解する。なにしろ、自分の上司が同じことをやっているのだから。上司がやっているのに、自分がやってはいけない、という話はない。部下は上司がやっていることは、そのまま真似してもいいと思い込む。

自分では書類をきちんと整理してキャビネットにしまっていないくせに、部下にだけ「書類は、分類して整理しろ！」と命じても、まったく説得力はない。そんな指導を受けても、「お前はどうなんだよ」と部下は心の中で思っている。

上司もそうだが、リーダーはもっとよく社員に「見られている」と思ったほうがいい。社員は、自分たちのリーダーを見て、自分の行動の指針としているのだ。

役員室や社長室は、たいていビルの最上階にある。ところが、これを2階の、社員によく見える場所に移した会社の社長がいる。窓からは社員の出入りがよく見えるし、社員のほうからも社長の姿がよく見える。

社長の自分が率先して働いている姿を見せれば、社員もやる気になってくれるだろうと判断して、社長室を移したらしいのだが、実際に、社員は熱心に仕事をするようになってくれたという。

ホンダでは、もともと社長室などというものはなく、役員室も大部屋があるだけという話は有名だ。創業者の本田宗一郎さんがツナギを着て、みんなと一緒に働いていたから、社長室は必要なかったようだ。

最近では、大手企業が役員個室を廃止し、一般社員と同じ部屋で仕事をするようになっているらしいが、これはいいことである。役員が頑張っている姿を見せれば、一般社員も奮起するからだ。

上司が頑張っている姿を見せれば、それを観察した社員も、それを真似するようになる。これを「観察学習効果」とか、「モデリング効果」と呼ぶ。

モデリング効果というのは、「お手本」を意味する「モデル」の行動を、他の人も真似するようになることを指す。

学校でも、熱血教師が指導を行うと、そのうち生徒たちも熱血教師に感化され、真剣に勉強に取り組むようになる。その点、やる気がなくて、有給休暇ばかりとっている先生のクラスでは、生徒たちもだらけたり、無断で欠席することが多くなる。

上司になったら、リーダーになったら、たえず人に見られていることを意識しよう。

「家の敷居を跨げば、七人の敵あり」という言葉がある。いったん外に出たら、たえず七人の敵に狙われていると思って慎重に行動しろという意味だが、リーダーになったら、自分の行動や振る舞いが見られていることを意識しなければならない。

48

いつ会社の寿命が尽きてもおかしくない、という気持ちを忘れるな

毎に危亡《きぼう》を思い、もって自ら戒懼《かいく》し、用《も》ってその終わりを保つ所以なり。

（慎終篇）

つねに滅亡にいたらぬように気を緩めず、終わりをまっとうしたいと考えている。

会社の寿命は30年という説がある。

日経ビジネス編の『会社の寿命』（新潮文庫）によれば、数多くの企業の創業から倒産までの年数を調査してみると、企業のライフサイクルは、何もしないで放っておくと、平均して30年で終わることが多いという。これが「企業寿命30年説」である。

ちなみに、その後に発表された『続 会社の寿命』では、従業員の平均年齢30歳、本業比率70％を超えている企業は、たとえ現在、業績が良くても、衰退期を迎える危険が大きいという新しい法則も提唱されている。

ともあれ、会社というのは、せいぜい30年で寿命が尽きてしまうのである。

何も手を打たないと、企業は崩壊に向かうのだ。

しかも、企業寿命は30年といっても、「30年は絶対に寿命がもつ」というわけではない。実際には、10年ももたないことのほうが圧倒的に多い。

藤井正隆さんの『なぜ君たちは間違った会社選びに必死になるのか』（角川フォレスタ）には、企業の寿命について、次のようなデータが載せられている。

設立1年　40％
設立5年　15％
設立10年　6％

設立20年　０・３％
設立30年　０・０２％

この数値は、日本において起業した会社の存続確率である。設立1年目で生き残れるのが40％ということは、早くも1年目には60％が倒産してしまう計算になる。そして10年後には、なんと6％しか存続できないのだ。

企業寿命は30年といっても、30年も寿命がつづけばまことに幸運なことであり、現実には30年も生き残れる企業は０・０２％にすぎない。

会社が生き残るのは、いかに難しいかということが、このデータでご理解いただけるであろう。

では、どうすればいつまでも会社を存続することができるのか。

そのためには、本書で紹介してきたリーダーとしての心構えをとにかく片っぱしから実践していただくしかない。

「うちは好調だからさ〜」「会社の業績も順調なんだよ〜」

などと胡坐をかいていると、すぐにひっくり返されるのが世の常である。どんなときにも気を抜かず、好調なときにこそ気を引き締めるくらいの心構えがほしい。会社が伸びていくのも衰退していくのも、基本的にはリーダーの双肩にかかっている。だからこそ、リーダーの責任は重いのである。

オランダ、アムステルダム大学のアニベル・ホーゲは、サービス業、製造業、建設業、運輸業などの業界で、従業員数50名から250名の企業を対象に、どういうリーダーがいれば、従業員が会社の将来について楽観的でいられるのかを調べてみたことがある。

その結果、リーダーが、従業員のウソは許さない、力の出し惜しみはさせない、自分が間違えているときは素直に認める、という特徴を持っているときに、従業員は「うちの会社は大丈夫」と安心できることが判明したそうである。

リーダーだって人の子だから、間違いを犯すこともあるだろう。

そんなときには、素直に「私が間違えていた」と認めることも大切なことである。この気持ちを忘れず、いつでも謙虚なリーダーでありつづけていただきたいと思う。

あとがき

私は心理学者なので、どんな本を読むときにも、どうしても心理学者としての目で読んでしまう。歴史書を読んでいても、小説を読んでいても、ガーデニングの本を読んでいても、どんな本を読んでいても、「あっ、これは心理学でいう〇〇だな」という心理学の法則やルールが、わずらわしいと思うくらい自然に頭に浮かんでしまうのである。

さて、あるとき古書店巡りをしているとき、『貞観政要』という、少し古めかしい本を見つけた。オビには、「帝王学唯一の原典、蘇る‼」とある。興味を惹かれた私は、さっそくこの書を買い求めて読んでみた。

読み始めると、いつものことなのだが、「この箇所は、心理学のリーダーシップ研究でいう〇〇の法則のことを言っているのだな」ということが頭に浮かんできた。こういうことはよくあることなので、私もそんなに気にしなかった。

けれども、どんどん読み進めていくうちに、私は奇妙なことに気がついた。

『貞観政要』は、名君の誉れ高い唐の太宗（５９８～６４９年）の没後40～50年くらい経った頃、呉兢という中国の史家によって編纂された書物だとされている。ということは、今から１

300年も前の本だ。

にもかかわらず、なぜ現代の心理学で明らかにされている研究結果と、これほどに符合する内容が書かれているのか、ということに気がついたのである。心理学者たちが、一生懸命に検証してきたリーダー研究の内容が、そっくりそのまま1300年も前に明らかにされていることに私は大変に驚いた。

興奮した私は、それから人に会うたびに、『貞観政要』の素晴らしさを説いてまわった。リーダー論やリーダーシップについて書かれた本はいくらでもあるが、『貞観政要』ほど役に立つ本はないと思ったからである。

そんな折、たまたま知り合いの中村実さんにこの話をしたところ、「内藤先生、そんなにいい本なら、ぜひ〝心理学的リーダーシップ〟という観点から『貞観政要』を読み解いてくださいよ」という依頼を受けた。

中村さんはフリーの編集者で、さっそくこの企画を形にしてくれる出版社を探してきてくれた。水王舎の瀬戸起彦さんである。瀬戸さんもこの企画に大いに賛同してくれ、編集を担当してくださった。

『貞観政要』に感銘を受けて、それをしゃべりまくっていただけなのに、なぜか本まで書かせていただくことになった。まことにありがたいことである。中村さん、瀬戸さん両氏には、心より感謝している。

また本書刊行にあたって、『貞観政要』の原文、読み下し文については、徳間書店刊『貞観政要』（呉兢・著、守屋洋先生・訳）から引用させていただいた。御礼を申し上げる次第だ。

最後に、ここまでお読みくださったすべての読者にも、感謝の言葉を申し上げたいと思う。ありがとうございました。また、どこかでお目にかかりましょう。

二〇一七年一〇月

内藤誼人

* Skarlicki, D. P., Folger, R., & Tesluk, P. [1999], "Personality as a moderator in the relationship between fairness and retaliation." *Academy of Management Journal*, 42, 100-108.
* Sy, T., Cote, S., & Saavedra, R. [2005], "The contagious leader: Impact of the leader's mood on the mood of group affective tone, and group processes." *Journal of Applied Psychology*, 90, 295-305.
* Tierney, P., & Farmer, S. M. [2004], "The Pygmalion process and employee creativity." *Journal of Management*, 30, 413-432.
* Weisfeld, G. E., & Weisfeld, C. C. [1984] "An observational study of social evaluation: An application of the dominance hierarchy model." *Journal of Genetic Psychology*, 145, 89-99.
* Wenger, A., & Fowers, B. J. [2008], "Positive illusions in parenting: Every child is above average." *Journal of Applied Social Psychology*, 38, 611-634.

generalization procedures." *Journal of Applied Psychology*, 71, 402-410.

* Lustman, M., Wiesenthal, D. L., & Flett, G. L. [2010], "Narcissism and aggressive driving: Is an inflated view of the self a road hazard?" *Journal of Applied Social Psychology*, 40, 1423-1449.
* Mayer, D. M., Kuenzi, M., Greenbaum, R., Bardes, M., & Salvador, R. [2009], "How low does ethical leadership flow? Test of a trickle-down model." *Organizational Behavior and Human Decision Processes*, 108, 1-13.
* Miller, R. L., Bickman, P., & Bolen, D. [1975], "Attribution versus persuasion as a means for modifying behaviors." *Journal of Personality and Social Psychology*, 31, 430-441.
* Mischel, H. N. & Mischel, W. [1983], "The development of children's knowledge of self-control strategies." *Child Development*, 54, 603-619.
* Nasco, S. A., & Marsh, K. L. [1999], "Gaining control through counterfactual thinking." *Personality and Social Psychology Bulletin*, 25, 556-568.
* Olk, P. M., & Gibbons, D. E. [2010], "Dynamics of friendship reciprocity among professional adults." *Journal of Applied Social Psychology*, 40, 1146-1171.
* Padgett, V. R., & Jorgenson, D. O. [1982], "Superstition and economic threat: Germany, 1918-1940." *Personality and Social Psychology Bulletin*, 8, 736-741.
* Pedalino, E., & Gamboa, V. U. [1974], "Behavior modification and absenteeism: Intervention in one industrial setting." *Journal of Applied Psychology*, 59, 694-698.
* Quellette, J. A., & Wood, W. [1998], "Habit and intention in everyday life: The multiple processes by which past behavior predicts future behavior." *Psychological Bulletin*, 124, 54-74.
* Repetti, R. L. [1989], "Effects of daily workload on subsequent behavior during marital interaction: The role of social withdrawal and spouse support." *Journal of Personality and Social Psychology*, 57, 651-659.
* Schweinle, W. E., Cofer, C., & Schatz, S. [2009], "Men's empathic bias, empathic inaccuracy, and sexual harassment." *Sex Roles*, 60, 142-150.
* Scott, D., & Scott, L. M. [1997], "A performance improvement program for an international-level track and field athlete." *Journal of Applied Behavior Analysis*, 30, 573-575.
* Scudder, J. N., & Lamude, K. G. [2009], "Applicants' preference for impression management tactic in employment interviews by transportation security administration." *Psychological Reports*, 104, 403-406.

* Fisher, S. R., & White, M. A. [2000], "Downsizing in a learning organization: Are there hidden costs?" *Academy of Management Review*, 25, 244-251.
* Gilles, R. M. [2003], "The behaviors, interactions, and perceptions of junior high school students during small group learning." *Journal of Educational Psychology*, 95, 137-147.
* Golby, J., & Sheard, M. [2004], "Mental toughness and hardiness at different levels of rugby league." *Personality and Individual Differences*, 37, 933-942.
* Hancock, D. R. [2000], "Impact of verbal praise on college students' time spent on homework." *Journal of Educational Research*, 93, 384-389.
* Hardy, C. L., & Van Vugt, M. [2006], "Nice guys finish first: The competitive altruism hypothesis." *Personality and Social Psychology Bulletin*, 32, 1402-1413.
* Hoogh, A. H. B., & Den Hartog, D. N. [2008], "Ethical and despotic leadership, relationships with leader's social responsibility, top management team effectiveness and subordinates' optimism: A multi-method study." *The Leadership Quarterley*, 19, 297-311.
* Humphrey, R. [1985] "How work roles influence perception: Structural cognitive processes and organizational behavior." *American Sociological Review*, 50, 242-252.
* Joiner, T. E.,Jr., Alfano, M.S., & Metalsky, G. I. [1992], "When depression breeds contempt: Reassurance seeking, self-esteem, and rejection of depressed college students by their roommates." *Journal of Abnormal Psychology*, 101, 165-173.
* Kerr, S. [1975], "On the folly of rewarding A, while hoping for B." *Academy of Management Journal*, 18, 769-783.
* Kiesler, S., Siegel, J., & McGuire, T. W. [1984], "Social Psychological aspects of computer-mediated communication." *American Psychologist*, 39, 1123-1134.
* Kruger, J., Epley, N., Parker, J., & Ng, Z. W. [2005], "Egocentrism over E-mail: Can we communicate as well as we think?" *Journal of Personality and Social Psychology*, 89, 925-936.
* Landau, M. J., Goldenberg, J. L., Greenberg, J., Gillatih, O., Solomon, S., Cox, C., Martens, A., & Pyszczynski, T. [2006] "The Siren's call: Terror management and the threat of men's sexual attraction to women." *Journal of Personality and Social Psychology*, 90, 129-146.
* Levitt, M. J., Silver, M. E., & Franco, N. [1996], "Troublesome relationships: A part of human experience." *Journal of Social Personal Relationships*, 13, 523-536.
* Lord, R. G., DeVader, C. L., & Alliger, G. M. [1986], "A meta-analysis of the relation between personality traits and leadership perceptions: An application of validity

参考文献

* Alicke, M. D., Vredenburg, D. S., Hiatt, M., & Govorum, O. [2001], "The better than myself effect." *Motivation and Emotion*, 25, 7-22.
* Barsade, S. G. [2002], "The ripple effect: Emotional contagion and its influence on group behavior." *Administrative Science Quarterly*, 47, 644-675.
* Barsade, S. G., Ward, A. J., Turner, J. D. F., & Sonnenfeld, J. A. [2000], "To your heart's content: A model of affective diversity in top management teams." *Administrative Science Quarterly*, 45, 802-836.
* Beehr, T. A., Glaser, K. M., Beehry, M. J., Beehy, D. E., Wallwey, D. A., Erofeev, D., & Cannali, K. G. [2006], "The nature of satisfaction with subordinates: Its predictors and importance to supervisors." *Journal of Applied Social Psychology*, 36, 1523-1547.
* Bennis, W. [1999], "The end of leadership: Exemplary leadership is impossible without full inclusion, initiatives, and cooperation of followers." *Organizational Dynamics*, 28, 71-79.
* Bradley, G. L., & Sparks, B. A. [2000], "Customer reactions to staff empowerment: Mediators and moderators." *Journal of Applied Social Psychology*, 30, 991-1012.
* Brown, M. E., Trevino, L. K., & Harrison, D. A. [2005], "Ethical leaderships: A social learning perspective for construct development and testing." *Organizational Behavior and Human Decision Processes*, 97, 117-134.
* Buss, D. M., Gomes, M., Higgins, D. S., & Lauterbach, K. [1987], "Tactics of manipulation." *Journal of Personality and Social Psychology*, 52, 1219-1229.
* Carney, D. R., Hall, J. A., & LeBeau, L. S. [2005], "Beliefs about the nonverbal expression of social power." *Journal of Nonverbal Behavior*, 29, 105-123.
* Dussault, M., & Frenette, E. [2015], "Supervisor's transformational leaderships and bullying in the workplace." *Psychological Reports*, 117, 724-733.
* Ehrlinger, J., Johnson, K., Banner, M., Dunning D., & Kruger, J. [2008], "Why the unskilled are unaware: Further explorations of (absent) self-insight among the incompetent." *Organizational Behavior and Human Decision Processes*, 105, 98-121.
* Frese, M., Teng, E, & Wijnen, C. J. D. [1999], "Helping to improve suggestion systems: Predictors of making suggestions in companies." *Journal of Organizational Behavior*, 20, 1139-1155.

本文デザイン　冨澤　崇

内藤誼人（ないとう よしひと）

心理学者。立正大学心理学部客員教授。アンギルド代表。

心理学の知見をわかりやすく実践的に紹介することに定評があり、固定ファンも多い。

著作は200冊を超える。

近著に『ヤバすぎる心理学』（廣済堂出版）、『裏社会の危険な心理交渉術」（総合法令出版）などがある。

リーダーのための『貞観政要《じょうがんせいよう》』超入門

2017年12月10日　第一刷発行

著者　内藤誼人
発行人　出口汪
発行所　株式会社水王舎
東京都新宿区西新宿6-15-1
ラ・トゥール新宿511　〒160-0023
電話　03-5909-8920
印刷　厚徳社
カバー印刷　歩プロセス
製本　ナショナル製本
装丁　冨澤崇
編集協力　中村実
編集統括　瀬戸起彦（水王舎）

　ISBN 978-4-86470-092-4

水王舎の本

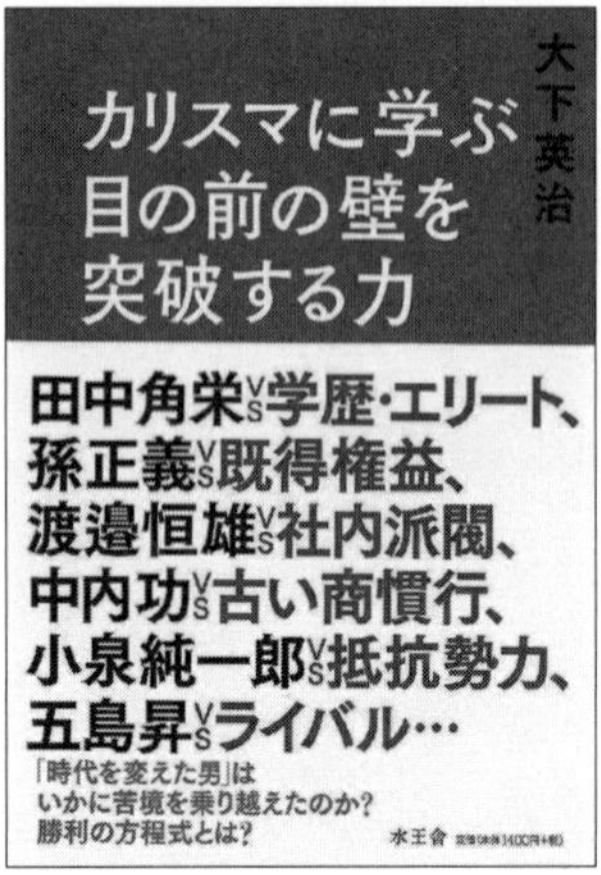

カリスマに学ぶ
目の前の壁を突破する力

大下英治 著

ノンフィクション作家大下英治が見てきた
男達の生きざま！

政財界で「のし上がってきた」男達は、どのようにして
ピンチを切り抜けてきたのか。12人のカリスマの事例を紐解き、
圧倒的な成果の出し方、組織での立ち居振る舞いや駆け引き、
危機管理テクニックなどそれぞれのブレークポイントを分析する。

●定価（本体1400円＋税）　●ISBN978-4-86470-039-9